大类招生汽车类专业人才培养方案设计和课程标准开发实践研究

温福军　王　尚　兰晓婕　郭海龙　著

广东高等教育出版社
Guangdong Higher Education Press
·广州·

图书在版编目（CIP）数据

大类招生汽车类专业人才培养方案设计和课程标准开发实践研究/温福军等著.—广州：广东高等教育出版社，2021.11
ISBN 978－7－5361－7007－0

Ⅰ.①大…　Ⅱ.①温…　Ⅲ.①职业教育－汽车工程－人才培养－研究②职业教育－汽车工程－课程标准－研究　Ⅳ.①U46－40

中国版本图书馆 CIP 数据核字（2021）第 081389 号

DALEI ZHAOSHENG QICHE LEI ZHUANYE RENCAI PEIYANG FANG'AN SHEJI HE KECHENG BIAOZHUN KAIFA SHIJIAN YANJIU

出版发行	广东高等教育出版社 地址：广州市天河区林和西横路 邮政编码：510500　电话：（020）87554152　87551163 http://www.gdgjs.com.cn
印　　刷	佛山市诚铭印刷有限公司
开　　本	787 毫米×1 092 毫米　1/16
印　　张	12
字　　数	292 千
版　　次	2021 年 11 月第 1 版
印　　次	2021 年 11 月第 1 次印刷
定　　价	36.00 元

前　言

随着我国社会、经济的不断发展，职业教育的地位和作用日益凸显，国家对职业教育的重视程度和工作紧迫度不断强化。2007 年 10 月党的十七大提出了“大力发展职业教育”，2012 年 11 月党的十八大提出了“加快发展现代职业教育”，2013 年 11 月中共十八届三中全会提出了“加快现代职业教育体系建设”，2014 年 2 月国务院常务会议提出了“部署加快发展现代职业教育工作”，2014 年 3 月中国发展高层论坛提出了“600 所本科转型职业教育”。2016 年 12 月 2 日，中共中央政治局常委、国务院总理李克强在“推进职业教育现代化座谈会”上做出重要批示。批示指出：加快发展现代职业教育，对于发挥我国人力和人才资源巨大优势、提升实体经济综合竞争力具有重要意义。“十三五”时期，切实把职业教育摆在更加突出的位置，加快构建现代职业教育体系。可见职业教育进入了发展的“快车道”。2019 年底，教育部、财政部公布了中国特色高水平高职学校和专业建设计划（“双高计划”）的建设单位名单，“双高计划”的实施是推进高等职业教育改革创新、优化技术技能人才培养的重要举措。据统计，“双高计划”首批建设单位共计 197 所学校，其中中国特色高水平高职学校 56 所（A 档 10 所、B 档 20 所、C 档 26 所），中国特色高水平专业群学校 141 所（A 档 26 所、B 档 59 所、C 档 56 所）。从专业布局看，申报的 389 个专业群覆盖了 18 个高职专业大类，装备制造大类（90 个）、交通运输大类（47 个）、电子信息大类（44 个）、财经商贸大类（34 个）是布点最多的四个专业大类。“双高计划”遴选坚持质量为先、改革导向、扶优扶强。2020 年 9 月，教育部等九个部门印发了《职业教育提质培优行动计划（2020—2023 年）》，目的是贯彻落实《国家职业教育改革实施方案》，办好公平有质量、类型特色突出的职业教育，提质培优、增值赋能、以质图强，加快推进职业教育现代化，更好地支撑我国经济社会持续健康发展；还印发了《职业教育提质培优行动计划（2020—2023 年）》，整个行动计划坚持服务高质量发展、促进高水平就业的办学方向，坚持职业教育与普通教育不同类型、同等重要的战略定位，着力夯实基础、补齐短板，着力深化改革、激发活力，加快构建纵向贯通、横向融通的中国特色现代职业教育体系，大幅提升新时代职业教育现代化水平和服务能力，为促进经济社会持续发展和提高国家竞争力提供了多层次高质量的技术技能人才支撑。

《职业教育提质培优行动计划（2020—2023年）》的第六点关于实施职业教育治理能力提升行动中特别强调，健全职业教育标准体系。发挥标准在职业教育质量提升中的基础性作用。适时修订中职学校、专科高职学校设置标准，研制本科职业学校设置标准。结合职业教育特点完善学位制度。实施职业学校教师、校长专业标准，制定“双师型”教师基本要求。统筹修（制）订衔接贯通、全面覆盖的中职、专科、本科职业教育专业目录及专业设置管理办法。构建国家、省、校三级专业教学标准体系，国家面向产业急需领域和量大面广的专业，修（制）订国家标准；各地根据经济社会发展需要和有关技术规范，补充制定区域性标准；职业学校全面落实国标和省标，开发具有校本特色的更高标准。

按大类招生是高校根据我国教育发展的实际情况做出的教学改革，并不是相近专业的简单归并，而是涉及人才培养模式、课程体系、教学方式方法的一次深刻改革，是学校教学改革的深化和发展，也是学校进行内涵建设、提高人才培养质量的重要举措。按大类招生有利于“宽口径”的人才培养。按文理大类招生培养，一方面，可使高校培养的人才专业口径拓宽、基础更扎实、知识面更广，具有一专多能和适应性强等特点；另一方面，由于每大类包含了多个专业和专业方向，通过前期按大类培养，加强学科间的渗透、交叉、组合，将“普通教育、基础教学、专业教学”三个方面的教学内容有机地结合起来，可以有效地延缓学生对专业的选择，让学生和家长更好地了解社会发展对各类人才的需求动态和市场就业信息，从而避免高考填报志愿的盲目性。同时，对学生总体而言，在专业选择上能更好地满足社会的需要，真正体现了按需培养的原则，有利于提高高校人才培养质量。但按大类招生进行培养也有弊端。首先，由于前期学生并不明确自己未来所学专业，学科归属不一，所以对专业基础课本只知其然即可。因此，人才培养方案的制定变得尤为困难，专业课程只能后移，课时减少，授课减弱，在一定程度上弱化了专业教育，针对性降低。其次，如果完全按照学生的志愿进行专业分流，各专业将不能协调发展，需要考虑教学资源合理配置问题。故大类招生，需要实行相配套的人才培养方案，教学标准也要重新定义。

为此，2014年4月，广东交通职业技术学院启动了汽车类按专业大类招生背景下的教学标准和课程标准研制工作，汽车专业项目组在2014年至2016年完成了中国交通教育研究会教育科学研究课题“汽车类按专业大类招生背景下的教学标准和课程标准研制”工作，并在汽车类专业开展推广大类专业招生的实践；2013—2017年完成了全国交通运输职业教育科研项目“以电器类课程为例的能力分级培养中高职衔接课程标准研究”，主要是解决大类招生过程中中高职衔接课程的标准研究问题，2014—2019 年期间完成了广东省高等职业教育教学改革立项项目“基于汽车电子类课程为例的能力分级培养中高职衔接的接口研究与实践”，主要是解决按能力分级培养方式及大类招生过程的课程衔接问题。为了进一步拓展学生的创新能力，课题组在 2019 年承担了广东省教育科学“十三五”规划课题“以科技反哺教学为主线的高职学生创新能力提升路径研究”。

经过 6 年左右的研究和实践，关于汽车类按专业大类招生背景下人才培养方案设计和课程标准研制实践工作取得了阶段性成果，主要是以“广东特色、符合国家需求、达到国际水准的汽车类按专业大类招生教学标准和课程标准”为目标，以“从岗位、任务衔接到职业能力衔接再到教学标准与课程标准衔接”为技术路线，促进汽车专业技能型人才培养的衔接性、针对性和适用性，以构建基于职业能力、职业素养发展的汽车专业大类招生教学标准和课程标准为目的，进一步明确汽车专业人才培养目标定位，促进技术技能型人才培养的衔接性，对接行业产业发展，进而为适应广东省经济发展方式转变、产业结构升级和社会发展需要做出贡献。

本书凝结了项目组全体成员的心血，也汇集了省内外同行们的智慧和汗水。本书由广东交通职业技术学院刘越琪教授、华南农业大学郭继崇教授、广东交通职业技术学院郭海龙教授、华南农业大学吕恩利教授、广州沙河丰田汽车销售服务有限公司阮少宁董事长负责项目的完成工作；广东交通职业技术学院王尚老师、兰晓婕老师负责全书课程标准的统稿工作。李怀俊、张胜宾、李军、孟国强、潘伟荣、张永栋、蒋翠翠、张胜宾、廖均博、何明、王力夫、肖心远、吕其惠等老师参与了人才培养方案设计和课程标准的撰写工作，因参与人数众多，恕不一一列举，在此一并表示诚挚感谢。

大类招生汽车类专业教学标准和课程标准项目组

2020 年 7 月于广州

目　录

第一章　项目研究主要内容

根据项目研制统一要求，课题组针对目前国内外相关研究现状，结合本项目的研究目标，利用已有成果，主要完成了以下几方面的研究工作。

（一）专业人才需求供需调研工作

1. 总体情况

整个调研分为三个时间段，第一段起于2014年7月9日至10月31日，主要调研汽车检测与维修岗位能力；第二段时间起于2016年8月1日至12月31日，主要调研大类招生情况下，学生毕业后汽车后市场用人单位的反馈情况；第三段起于2019年10月1日至12月31日，主要调研新能源汽车技术后市场岗位能力要求。直接参与调研工作人员39人，中职17人，企业20人。调研总体分为高职和中职两大组。

调研对象涉及了文献资料、行业、企业、院校、在校生、毕业生等，其中查阅分析了605篇大类招生的研究文献，访谈调研了广东省12市19所中职院校的24名汽车专业的专业负责人或教学部（科）负责人，收集分析了全省26所中职院校的人才培养方案，访谈调研了广东省6市10所高职院校的12名汽车专业负责人或系（部）主任，收集分析了全省10所高职院校的人才培养方案，访谈了7个行业协会、56家4S店的负责人、人事行政经理、售后经理、销售总监等，问卷调研了153家汽车维修企业的人才需求，问卷调研了162家汽车维修企业、12个岗位的岗位任务和能力，问卷调研了12所中职院校的1 538名在校生、335名毕业生，问卷调研了14所高职院校的2 169名在校生、468名毕业生。运用调研得到的数据和资料，详细地分析了大类招生的汽车专业建设现状、汽车运用技术专业学生的职业生涯发展路径、大类招生背景人才培养方案、汽车专业教学标准和课程标准研制等方面的问题。

2. 调研的结果

（1）汽车专业毕业生职业生涯发展路径。

根据企业的岗位设置，结合汽车专业毕业生的岗位分布，将企业岗位分为机电维修岗位、钣金岗位、喷漆美容岗位、配件管理岗位、服务顾问岗位、保险理赔岗位，每类岗位又依据其工作量的多少和复杂程度分为Ⅰ～Ⅵ，共六级，见表1－1。

表 1－1　汽车专业毕业生就业岗位群

<table>
<tr><td>发展阶段</td><td colspan="6">就业岗位</td><td>学历层次</td><td colspan="2">发展年限</td></tr>
<tr><td></td><td>机电维修</td><td>钣金</td><td>喷漆美容</td><td>配件管理</td><td>服务顾问</td><td>保险理赔</td><td rowspan="2"></td><td>中职</td><td>高职</td></tr>
<tr><td>Ⅵ</td><td colspan="6">总经理行业专家</td><td rowspan="3">8 年以上</td><td>12 年以上</td></tr>
<tr><td>Ⅴ</td><td colspan="6">售后经理（售后总监）</td><td>高职</td><td>8～12 年</td></tr>
<tr><td>Ⅳ</td><td colspan="3">技术经理（车间主任）</td><td colspan="3">服务经理（前台主任）</td><td>高职</td><td>5～8 年</td></tr>
<tr><td>Ⅲ</td><td>班组长</td><td>班组长</td><td>班组长</td><td>配件主管</td><td>服务主管</td><td>保险理赔主管</td><td>高职
中职</td><td>3～8 年</td><td>2～5 年</td></tr>
<tr><td>Ⅱ</td><td>机电工</td><td>钣金工</td><td>电工</td><td>配件员</td><td>服务顾问</td><td>保险理赔员</td><td>高职
中职</td><td>1～3 年</td><td>0.5～2 年</td></tr>
<tr><td>Ⅰ</td><td>学徒</td><td>学徒</td><td>学徒</td><td>仓管员</td><td>服务顾问助理</td><td>保险理赔助理</td><td>中职</td><td>0～1 年</td><td>0－0.5 年</td></tr>
</table>

注：不同企业因品牌、规模的不同，其岗位略有差异，本表综合了宝马、别克、丰田、日产、奥迪、奔驰、起亚、奇瑞、现代、通用、雪铁龙等品牌，较为全面地呈现了汽车运用技术专业毕业生的职业生涯发展路径。

（2）调研形成的结论。

通过对调研基本情况的总结归纳与分析，可以得出如下结论：

国外大类招生背景的主要模式有三种，分别是国家确认职教与普教文凭等值的背景模式，经专门补习以学历达标实现背景模式，由一体化的中高等职教大纲或课程实施背景模式。我国大类招生背景起步较晚，尚未建立完整的职业教育体系，没有很好地建立行业职业岗位能力的递进标准，大类招生课程缺乏有效背景。汽车后市场行业发展使得汽车维修人才缺口加大，特别是高技能人才需求旺盛，行业为毕业生提供了较为完整的“职业生涯线”。目前，汽车后市场服务岗位人员总体技能结构偏低，学历以高职为主，中职次之，企业最看重员工的专业水平和责任心及吃苦耐劳品质。企业最希望的汽车维修人才来源为学校招聘，而实际上企业人才的最大供给途径为自主培养，学校人才培养的主体地位没有凸显出来。本专业学生主要面向汽车 4S 维修企业的售后部岗位群，在钣金、喷漆美容、基层机电维修、基层配件管理领域中，中职学生较受欢迎，而在保险理赔、配件管理、服务顾问领域，高职生较受欢迎，而且高职生比例逐年提高，在机电维修领域中，带有管理性质岗位的高职生比例显著高于中职生比例。

国家职业资格标准分为 5 级，其技术、培训和管理递进关系，对于大类招生背景课程开发具有重要参考价值。从大类招生学生入学前班级内成绩、就读职业院校的原因、选择专业的因素等方面，均凸现了大类招生背景的必要性和可行性。对比大类招生毕业生的调查结果，可知无论从岗位发展速度还是工资待遇等方面，均显现出高职的优势，这也为大类招生背景创造了条件。通过对毕业生的调研，发现毕业生刚工作时较为不足的是人际交往能力、适应环境能力、专业技能和独立工作的能力；比较起来，学生对母校的教学设施和学习氛围较满意，但半数毕业生认为学校课程与实际联系不够紧密，甚至有部分学生认为学校理论太多、实践不够，动手能力没得到提高、学了很多但用得很少，这应该引起大类招生院校的高度重视。

大类招生背景人才培养模式，不但要解决中职生升入高职的教育问题，而且要兼顾中职生毕业的就业问题。如果能够从大类招生学生的就业岗位、岗位能力差异入手，找到大类招生背景教学标准和课程标准的接口，按岗位和岗位能力级别来设置课程，就可以将升学和就业问题兼顾起来。目前，大类招生在校学生均对“学校理论教学与实践教学相联系的教育效果”“学校在提高学生综合素质方面”“自己从学校所获得的职业技能”评价一般，因此，大类招生院校在教学标准制定和课程体系、课程标准设计时，应充分关注学生综合素质、实践教学、职业能力提升方面教学环节的安排。针对部分大类招生毕业生认为的学校课程与企业实际联系不够紧密，理论多、实践少，动手能力提高较慢等问题，职业院校在课程体系制定和课程开发过程中，应该充分考虑毕业生就业岗位的职业能力要求，进行岗位职业能力分析，在分析的基础上再构建课程体系和课程标准。

（二）职业能力分析工作

为进一步明确汽车专业毕业生各岗位的职业能力要求，在广东省教育研究院的指导下，项目组分别于 2014 年 3 月 30 日、2019 年 5 月 30 日召开了两场汽车专业职业能力分析会，运用“头脑风暴法”，通过与特邀的 18 位企业专家面对面的研讨，形成了汽车专业岗位职业能力分析表。第一场会议以机电维修岗位领域为主，主要分析了汽车维修学徒、机电工、维修班长、车间主管（技术主任）、售后经理 5 个岗位职业能力；第二场会议主要以钣金、领域喷漆美容领域、服务顾问领域、配件管理领域、保险理赔领域为主，分析了钣金工及班组长、喷漆美容工及班组长、服务顾问及主管、配件管理及主管、保险理赔专员及主管 10 个岗位职业能力，明确了每个岗位的任务和职业能力，以及相应的知识、能力和素养。

通过职业能力分析，项目组得到了汽车后市场的汽车机电维修、钣金工、喷漆美容、服务顾问、配件、保险 6 大工作领域 21 个岗位的 75 个工作项目 307 项工作任务共计 1 716 条职业能力。另外，项目组还分析确定了各岗位所共同需要的 10 项 57 条关键能力（职业通用能力），分别为沟通交流、数字应用、革新创新、自主学习、团队合作、解决问题、信息处理、责任（安全）意识、外语应用、组织能力、吃苦耐劳及其他。

该职业能力分析表对我国汽车专业相应岗位能力标准进行了全面的表述，有效概况了相关岗位应该具备的职业能力，同时也为专业大类招生背景教学标准的建立和专业课程的开发提供了重要依据。

（三）人才培养方案设计和教学标准研制工作

在职业能力分析的基础上，为进一步确定大类招生背景汽车专业的人才培养方案设计和教学标准研制工作，项目组召开了多次人才培养方案设计和教学标准讨论研制会议，形成了汽车专业大类招生背景的课程体系，并对教学标准进行了研讨，包括专业名称及代码、招生对象、基本学制与学历、培养目标、职业范围、人才规格、课程结构、课程内容及要求、教学安排、教学基本条件、教学实施建议等方面。最终形成了《汽车专业大类招生背景专业教学标准》和《汽车专业大类人才培养方案》。该教学标准是大类招生背景汽车专业教学和课程设置的纲领性材料，各大类招生院校可在该标准的基础上，根据区域特点和学校自身条件特点，选择专业方向及相关课程进行教学，也可以在标准的基础上增设一些特色课程。

（四）课程标准研制工作

在课程标准研制阶段，按照教研院的要求，成立了课程编写项目组，编制适合按大类招生的“汽车发动机电控系统检修”“汽车底盘电控系统检修”“汽车车身电控系统检修”“汽车维修质量检验”“新能源汽车检修”等19门课程的课程标准。课程标准编制过程中，按照编写框架模板，通过整理分析“课程与能力对接表统计表”，成立了每门课程3人的编写小组，利用“鱼骨图”工具，以工作过程导向为主，形成了多种课程形态互补的19门课程标准。课程标准在编制过程中注重高职各门课程之间、大类招生背景课程之间的界定和背景。课程标准对课程名称、适用专业、课程性质、课程设计、课程教学目标、参考学时与学分、课程结构、资源开发与利用、教学建议、教学评价等方面进行了规范。

（五）技术路线与方式

在本项目研制与实践过程中，项目组结合我院汽车专业建设过程中已有的大量相关成果资料，总体上按照教研院的要求分为以下六大步，如图1－1所示，具体如下：

（1）首先进行供需调研，一般由大类招生院校教师和行业企业专家（如果是课题组成员的话）组成调研组，对专业的人才需求进行调研，调研内容一般包括企业人才需求情况、职业院校人才培养情况、在校生调研、毕业生调研、企业岗位工作任务调研等，最终得到毕“业生职业生涯发展路径”，即从学徒到经理的路线和时间，并撰写《调研报告》。

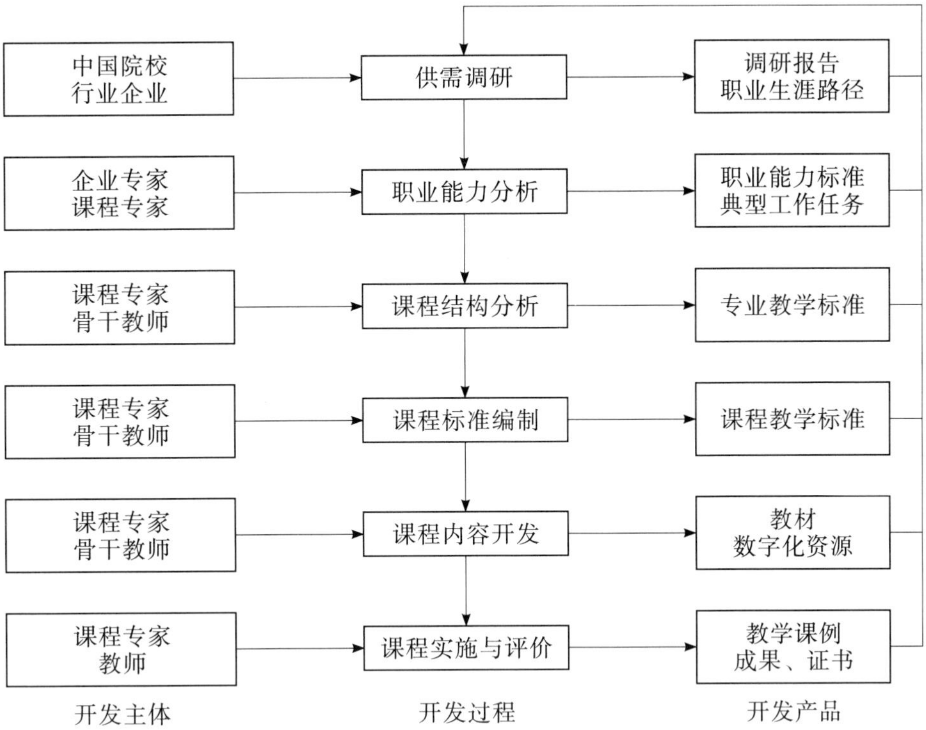

图 1－1　大类招生背景下汽车专业课程标准研究路线①

（2）基于调研成果，召开职业能力分析头脑风暴会议（一个专业一般 2～3 场），邀请专业学生相应岗位的一线工作人员作为企业专家（一般一个岗位由 3 位来自不同企业的专家），对相应岗位的职业能力（知识、技能、方法、工具、要求）进行分析，课题组成员利用专业积累和相关材料进行完善，最终得到岗位的典型工作任务、职业能力等，并撰写《专业岗位职业能力分析报告》。

（3）基于前两个阶段成果，召开课程转换专家会议，通过邀请职业院校课程开发专家，利用前两阶段得到的“毕业生职业生涯发展路径”和“岗位职业能力分析表”，讨论形成专业教学标准主体内容，包括专业名称及代码、招生对象、基本学制与学历、培养目标、职业范围、人才规格、课程结构、课程内容及要求、教学安排、教学基本条件、教学实施建议等方面。具体细节由专业教师或课题组成员完善，特别是要完成职业能力和课程之间的对接。

（4）在教学标准大框架确定的条件下，借助职业能力分析表，制定主干课程或核心课程的课程标准，根据职业能力补充相关的知识要求，便于教学和学生的学习，课程标准一般包括以下几个方面，即课程名称、适用专业、课程性质、课程设计、课程教学目标、参考学时与学分、课程结构、资源开发与利用、教学建议、教学评价等

① 源自广东省教研院教研员杜怡萍的 PPT。

方面。

（5）根据课程标准的要求，院校课程专家、骨干教师及企业专家可进行课程内容的开发，进而形成教材、数字化资源的教学材料。

（6）在课程具体实施过程中，课程专家和教师可对教学内容进行具体的设计，并对教学结果进行评价，在一门课程教学完成后，便可形成相关的课例等成果。

（六）项目形成的成果

1．项目研究直接成果

课题组在编制研制过程中，形成了5部项目要求的必需成果，分别是：

（1）《汽车类按专业大类招生背景下教学标准和课程标准研究总结报告》；

（2）《按大类招生汽车专业供需调研报告》；

（3）《按大类招生汽车专业职业能力分析报告》；

（4）《按大类招生汽车专业人才培养方案》；

（5）《19门按大类招生汽车专业课程标准》。

2．项目组论文成果

在项目研制过程中，项目组在《中国职业技术教育》《职业技术教育》等职业教育核心期刊上发表成果论文2篇，分别是：

（1）《中高职汽车专业职业教育课程背景研究》，《职业技术教育》2014年第5期；

（2）《能力分级培养的汽车维修类专业课程体系的构建与实践》，《中国职业技术教育》2015年第3期。

3．项目组获奖成果

2014年6月，项目组获教育部国家教学成果奖一等奖“能力分级培养的汽车维修类专业课程体系的构建与实践”；

2018年5月，项目组获广东省教育厅教学成果奖二等奖“‘能力发展、岗位创业’的中高职衔接汽车专业人才培养模式的构建与实践”。

4．相关成果

项目组在项目研制过程中，形成了7项相关研究成果，分别是：

（1）全面反映调研成果的《汽车专业建设及课程改革调研报告》；

（2）《汽车专业企业人才需求调研子报告》；

（3）《按大类招生汽车专业高职院校人才培养情况子报告》；

（4）《按大类招生汽车专业在校生情况调研子报告》；

（5）《按大类招生汽车专业毕业生情况调研子报告》；

（6）《职业能力分析表——按大类招生》；

（7）《汽车后市场职业能力模块库》。

5．其他成果

项目组在研制过程中，形成了5份过程性材料，分别是：

（1）《专业调查问卷及访谈提纲 12 件》；
（2）《按大类招生汽车专业调研方案》；
（3）《汽车 4S 店岗位说明书 3 件》；
（4）《4S 店岗位员工绩效考核表》；
（5）《高职院校汽车专业人才培养方案汇编》。

（七）项目的特色与创新

本课题研究做了以下创新：

（1）基于大类招生背景视角，对汽车专业人才的供需情况进行了全面调研，涉及了企业人才需求情况、职业院校人才培养情况、在校生调研、毕业生调研、企业岗位工作任务调研等方面，使得大类招生背景教学标准和课程标准研制有据可依。

（2）结合我国劳动部门职业资格考核标准，通过借鉴中国香港、英国、德国、日本汽车职业教育的特色，在分析宝马、丰田、博世等企业培训体系的基础上，构建了全面的汽车运用技术专业岗位职业能力分析表。

（3）形成了面向企业岗位需求，服务大类招生背景的《汽车运用技术专业大类招生背景的教学标准和课程标准》，实现了中高职对接、职业岗位对接、职业标准对接。

本课题研究过程中，形成了以下特色：

（1）在项目研制过程中，由高职、中职和企业配合形成课题组，以三方跨界协同的研究模式，有效保障了中职和高职之间的背景与协同，以及职业教育界与企业界的对接与协同。

（2）在企业岗位的工作任务和职业能力研究过程中，采取“企业岗位一线专家主导”式的技术路线，充分体现了企业的诉求，避免了现有相关研究以学校为主，从而使得职业能力分析成果更多地偏向学校教育诉求的问题。

（3）在教学标准和课程标准的制定过程中，运用“头脑风暴法”，来自中职和高职双方的教育专家面对面协同工作，有效保障了成果的科学性与适应性。

第二章　大类招生汽车专业人才培养方案设计

（一）汽车大类专业人才培养方案研制路径

“人才培养方案”是高职各专业人才培养的指导性文件，也是学生在校进行三年专业学习的总体框架性文件。如果说“学生”就是名为学生的“产品”，那么“人才培养方案”就是“生产说明书”。一般来说，人才培养方案应保持相对的稳定性，否则教学资源很难满足其变化，势必引起教学质量的下降；同时，人才培养方案应考虑到三年后（学生毕业）学生对行业发展企业需求的适应性，因此，也必须具备一定的时代性和超前性。这就要求“人才培养方案”在研制的过程中，要坚持“相对稳定、逐步改善”的原则。就汽车大类专业而言，近几年在不断地进行教学改革，分别试点了“大类招生制”“完全学分制”“三学期制”等教学管理模式，专业人才培养方案也相应地、不断地在进行调整和完善。我校在进行汽车大类人才培养方案的研制过程中，始终按照下面的路径来完成：

1．确定人才培养目标

“人才培养目标”对专业毕业生所必须具备的知识、能力和毕业3～5年所面向的岗位有准确的描述，构建了该专业人才培养的基本框架，起到了提纲挈领的作用。例如，汽车营销与服务专业的人才培养目标描述为“本专业培养德、智、体、美全面发展，掌握一定的专业理论知识，具有较强实践能力和良好的职业道德，面向汽车销售和技术服务企业生产第一线，具有与本专业对应岗位群所必需的基础理论知识和基本技能，具备较强实际动手能力、自主学习能力，并能独立完成较复杂的岗位工作任务，能适应汽车销售服务、汽车保险理赔、机动车保险定损、二手汽车鉴定与评估等工作领域需要的具有创新精神的技能型专业人才”。

2．分析职业岗位

高职专业的人才培养应该是面向岗位的，毕业生岗位的适应性和受欢迎程度反映了专业人才培养质量；同时，专业所面向的岗位和就业情况，也是学生在填报志愿时的主要考虑因素之一。在进行职业岗位分析时，考虑了学生职业生涯的持续性发展，将工作岗位分为三级：第一就业岗位，即学生毕业前3年主要从事的岗位；目标岗位，即学生毕业3～5年从事的岗位；未来发展岗位，即学生职业晋升后有可能达到的岗位，如图 2－1 所示。

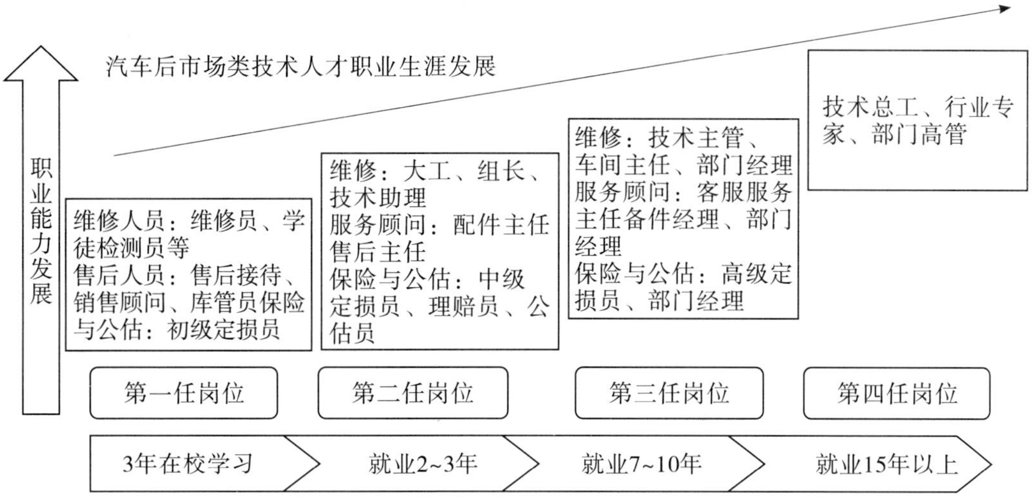

图 2－1　汽车后市场类技术人才职业生涯发展路径

可以看到，这是一个动态的职业能力发展观点，每任级别的岗位之间不仅仅是岗位级别的升迁，所要从事的岗位工作内容和能力要求也在一步步提高。这样的职业岗位分析，也可以看成对专业学生职业生涯发展的全面规划。表 2－1 为汽车营销与服务专业工作岗位分析表，仅供参考。

表 2－1　汽车营销与服务专业工作岗位分析表

岗位分类	岗位名称	岗位描述
第一就业岗位	汽车销售顾问	能够按照汽车 4S 经销店的汽车销售服务规程与品牌厂商的服务规范，独立开展客户开发、客户接待，并按照销售流程完成汽车销售任务，同时提高客户满意度
	汽车保险顾问	能够按照保险公司服务规范完成汽车保险销售、出险事故车定损查勘和事故车保险理赔的相关工作
	二手车评估师	能够操作仪器和运用目测手段对普通车型二手车进行综合检验和检测，结合测量文件资料对二手车的技术状况进行鉴定，并能评定和估算汽车价格
目标岗位	4S 店销售主管	在总经理或销售经理的领导下，负责 4S 店日常销售工作及各项基础管理工作，提高销售额，完成销售任务
	汽车保险理赔主管	全面负责汽车保险理赔点（站）的各项理赔工作和技术指导，提高顾客满意度
	二手车鉴定技术主管	能够开展业务洽谈，做好前期准备工作和手续检查现场，能借助仪器和直观目测各类汽车技术状况，并根据评估结果撰写评估报告，掌握汽车常见故障对汽车技术状况的影响，能够确认二手车收购估价和销售价格

续上表

岗位分类	岗位名称	岗位描述
未来发展岗位	销售经理	全面负责汽车4S经销店的宣传、生产、管理和质量控制工作
	保险理赔经理	在总经理的领导下，负责汽车保险理赔服务部门各项管理工作，完成相关任务指标
	二手车鉴定所所长	全面负责鉴定所的各项业务开展和管理工作，拥有各种名车、特殊车型的评估技术和大批量汽车的快速评估能力，能对特殊车辆价格进行评定和估算，承担技术培训及推广，并为鉴定所出具评估鉴定报告签名承担全面技术责任

3. 确定人才培养规格

在确定了专业人才培养目标和职业岗位之后，就可以细化和确定人才培养规格了。具体内容应包括专业人才的知识结构要求、能力结构要求和素质结构要求。学生的知识结构主要是指在学科知识体系下学生所需掌握的知识。在汽车大类招生背景下各专业人才培养规格可以按照四个方面进行描述：文化体育基础知识、汽车“基本”专业知识、汽车“综合”专业知识和汽车“专项”专业知识，如图2－2所示。

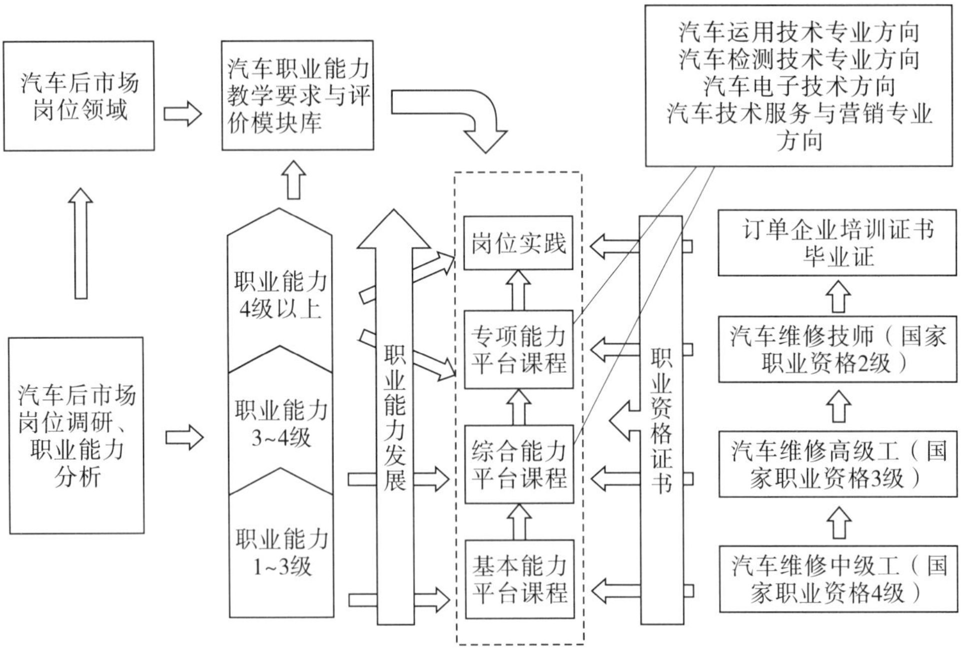

图2－2 人才培养方案设计的技术路线

能力结构要求，是专业学生在学习专业课程、构建了专业知识框架之后衍生出来的运用专业知识解决实际问题的能力要求标准。以汽车大类汽车营销与服务专业为例，专业能力结构要求见表2－2。

表2－2　专业能力结构要求

能力分类		能力名称	能力描述
关键能力	社会能力	沟通交流	具有交流表达、与人合作和与客户沟通的能力
		团队合作	条理清晰严谨，具有合作解决团队的沟通协调能力
		文字表达	具有撰写汽车技术性能评估鉴定报告等专业技术报道的能力
		责任意识	具有良好的工作习惯、安全和环保意识
		问题解决	具有汽车销售策划书及其事故车维修方案制定、生产组织、检查和质量控制的能力
		经受挫折	具有强烈的竞争意识，坚忍不拔的毅力，顽强不屈的拼搏精神
	方法能力	创新革新	具有崇尚科学、善于学习、勇于钻研、开拓创新的良好风尚
		自主学习	具有自我学习汽车新技术的能力
		信息技术	具有汽车市场信息查找和处理的能力
专业能力		数据分析与处理	具有对汽车市场动态及其销售数据的分析能力、对汽车及其系统的功能和相互关系的分析能力
		总结能力	具有汽车市场动态及其预测的能力，以及对汽车系统技术状况、故障、损伤、事故的检测、鉴定、分析评估的能力
		外语应用	具有查找和阅读英文资料解决汽车专业资料的能力
		商务礼仪服务接待能力	能运用规范的商务服务礼仪，开展客户接待，提高企业品牌形象及客户满意度
		与客户沟通协调能力	能运用专业的人际沟通与协调技巧与客户建立相互的信任关系
		汽车销售服务能力	能够熟练按照品牌企业汽车销售标准流程完成客户开发、客户接待、需求分析、商品介绍、促成交易等销售服务，完成销售任务
		保险事故车定损与估损能力	具备保险事故车技术状况鉴定与评估的基本能力，能确定车辆损伤、判定事故、制定事故车维修方案、确定工时费用完成保险理赔流程
		整车技术鉴定与评估能力	熟悉汽车市场的运作，能够借助仪器设备和直观目测，对整车车辆进行综合检验和检测，结合测量文件资料对车辆的技术状况进行鉴定、评定和估算汽车价格

4. 建立课程体系

汽车大类专业在构建课程体系的过程中，融入了英国和中国香港国际化职业资格标准、国家职业资格标准和宝马、丰田等企业培训之类专业技术规范，构建了以能力为核心的专业课程体系，并制定专业课程标准。汽车大类专业在构建课程体系中的基本思路是：纵向分级以提升工作领域能力为主；横向拓展以提高相关领域能力为辅。在进行课程开发的过程中，以典型工作过程导向开发符合职业能力发展规律的专业课程，并将“创新创业教育”融入其中。基本技能平台课程：培养专业群学生的专业基本职业能力，使学生具有扎实的专业基本知识、技能和能力，能完成教学项目任务。汽车大类专业群各班级，1～3 学期所授课程相同，为基本技能平台课程；各专业班级在第 4 学期主要学习综合技能平台课程（汽车大类专业在第 3 学期末完成按专业分班，第 4 学期开始分专业教学）。如在汽车营销与服务专业，培养学生具备汽车销售、保险理赔、二手车鉴定与评估综合运用能力，使学生能完成一般的岗位工作任务。专项技能平台课程是面向各专业典型工作领域来培养学生的，使学生在教师指导下能完成较复杂的工作任务。如在汽车营销与服务专业，开设“企业特色实训”课程。汽车专业体系设立与教学进度如图 2－3 所示。

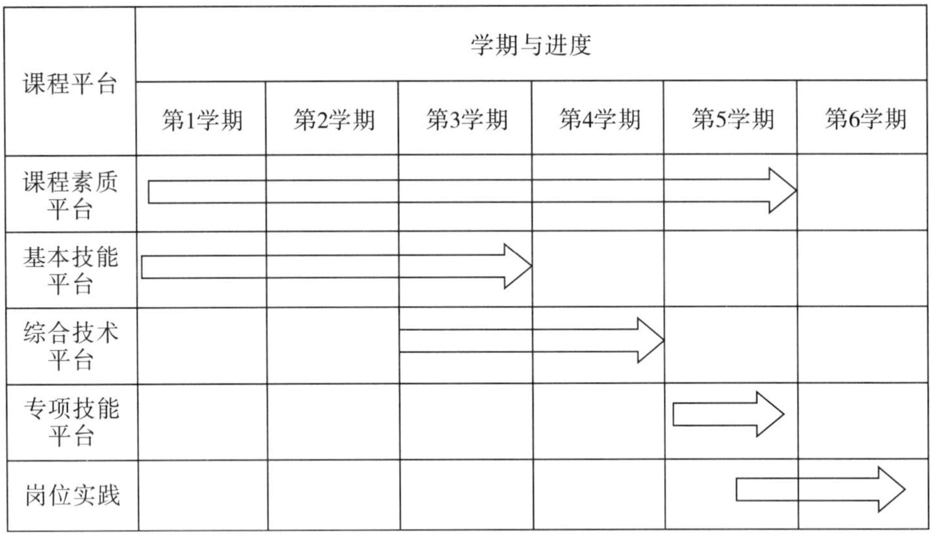

图 2－3　汽车专业课程体系设立与教学进度

（二）汽车检测与维修专业人才培养方案

1. 专业名称与代码

专业名称：汽车检测与维修技术

专业代码：560702

2. 学制

全日制三年

3. 招生对象

高中毕业生或具备同等学力人员

4. 人才培养目标

本专业主要培养学生德、智、体、美全面发展，主要面向汽车保养、汽车机电维修、汽车性能检测和汽车维修服务顾问等职业核心领域，使学生具有汽车维护保养、机电检测与维修、汽车维修服务接待等岗位群基本职业能力。同时通过课程涵盖的能力等级的提高，纵向拓展汽车维修调度和汽车维修质量监管，横向拓展汽车公估与理赔和新能源汽车维修等职业领域。培养的学生主要从事汽车性能检测、机电检测与维修、售后服务岗位，具有良好的职业道德和团队精神，掌握扎实的现代汽车理论知识，能熟练运用现代汽车检测维修设备对汽车进行检测、故障诊断和维修，具有较强的实际动手能力和自主学习能力，具备可持续发展潜力。

5. 职业岗位分析

汽车检测与维修技术专业可从事的工作岗位可分为第一就业岗位（毕业前3年）、目标岗位（毕业3~5年）、未来发展岗位（毕业5年后），各岗位描述见表2-3。

表2-3　汽车检测与维修技术专业可从事的工作岗位分析表

岗位分类	岗位名称	岗位描述
第一就业岗位	机电维修工	服从车间调度统一调配，接《任务委托书》后，严格按照操作规程维修车辆，返工返修不超过标准，杜绝修理质量事故的发生，增强优质服务意识。积极参加由服务部组织的新车型、新技术培训，做到熟练操作各专用仪器和设备
	汽车售后服务顾问	开拓、维持客户网络，圆满完成日常维修接待工作；销售工时和零件；提高顾客满意度
目标岗位	机电维修班组长	在车间主管的领导下，全面负责本班组日常工作及各项基础管理工作。负责本班组安全生产、质量管理、生产任务安排，处理工作中存在的各种问题，带领本班成员认真完成本班的各项技术经济指标
	前台主管、维修店店长	全面负责前台客户接待、汽车连锁维修店工作，提高顾客满意度
未来发展岗位	维修车间主管	全面负责经销店车间生产管理工作、技术管理及技术培训工作、质量控制工作
	服务经理	具有丰富的维修经验、售后服务中心的管理经验与较强的组织领导能力，具有开拓、创新精神，具有爱岗敬业精神和较高的企业忠诚度

注：目标岗位是本专业人才培养方案重点对接的岗位。

6. 人才培养规格

根据专业人才培养目标和职业岗位（特别目标岗位）分析，本专业的人才培养规格为技能型。

（1）专业面向的职业岗位。

本专业主要面向汽车保养、汽车机电维修、汽车性能检测和汽车维修服务顾问等职业核心领域，使学生具有汽车维护保养、机电检测与维修、汽车维修服务接待等岗位群基本职业能力。同时通过课程涵盖的能力等级的提高，纵向拓展汽车维修调度和汽车维修质量监管，横向拓展汽车公估与理赔和新能源汽车维修等职业领域，使学生的职业能力达到3~4级，同时拓展5~6级，促其取得汽车维修中级工（含）以上职业资格证。

（2）岗位能力架构分析。

在调研和岗位任务分析的基础上，与行业合作，融入国家标准，结合宝马、丰田等汽车品牌培训要求，分析专业群对应的岗位、工作任务及能力，按任务难易、复杂程度对职业能力进行分级，设计包含知识、能力和素质的能力模块，根据汽车后市场人才职业发展规律，根据调研情况分析归纳的13个典型工作领域，将每个职业大类分为6个等级，每个等级有相应专门化方向的职业关键能力和职业专业能力，构建了体系化、模块化能力架构；职业能力由关键能力和职业专业能力组成，职业关键能力是关键能力在汽车后市场汽车运用技术的具体表征；职业专业能力又分为职业通用能力（在汽车后市场汽车运用技术各任务领域通用的能力）和职业专用能力（在汽车后市场汽车运用技术各任务领域中需要的专用能力）。汽车性能检测、机电维修岗位与职业能力对应表见表2-4。

表2-4 汽车性能检测、机电维修岗位与职业能力对应表

职业能力	职业资格	汽车性能检测、机电维修领域	
1级	初级工	岗位	机修学徒、电工学徒；检测学徒、汽车评估学徒等
		职业能力	一般汽车维护能力、一般检测设备使用等
2级	中级工	岗位	机修中工、电工中工；汽车检测员、汽车评估员等
		职业能力	较复杂汽车维护、一般汽车修理；一般汽车检测与评估等
3级	高级工	岗位	机修组长、机电大工、维修接待、质检员；检测组长、评估组长、设备负责人等
		职业能力	一般故障诊断、较复杂修理；较复杂的汽车检测与评估等
4级	技师	岗位	车间主任、技术主管、质检主管；检测站技术负责人、报告授权签字人等
		职业能力	复杂故障诊断、复杂修理；复杂的汽车性能检测与评估，管理能力等

续上表

<table>
<tr><td>职业能力</td><td>职业资格</td><td colspan="2">汽车性能检测、机电维修领域</td></tr>
<tr><td rowspan="2">5 级</td><td rowspan="4">高级技师</td><td>岗位</td><td>企业（技术）经理、检测站站长、技术总监、总工等</td></tr>
<tr><td>职业能力</td><td>疑难故障诊断、全面检测评估，管理能力等</td></tr>
<tr><td rowspan="2">6 级</td><td>岗位</td><td>行业专家等</td></tr>
<tr><td>职业能力</td><td>行业和企业技术项目筹划、技术开发、管理能力等</td></tr>
</table>

汽车检测与维修技术专业学生职业生涯发展如图 2 －4 所示，职业岗位与职业能力发展关系见表 2 －5。

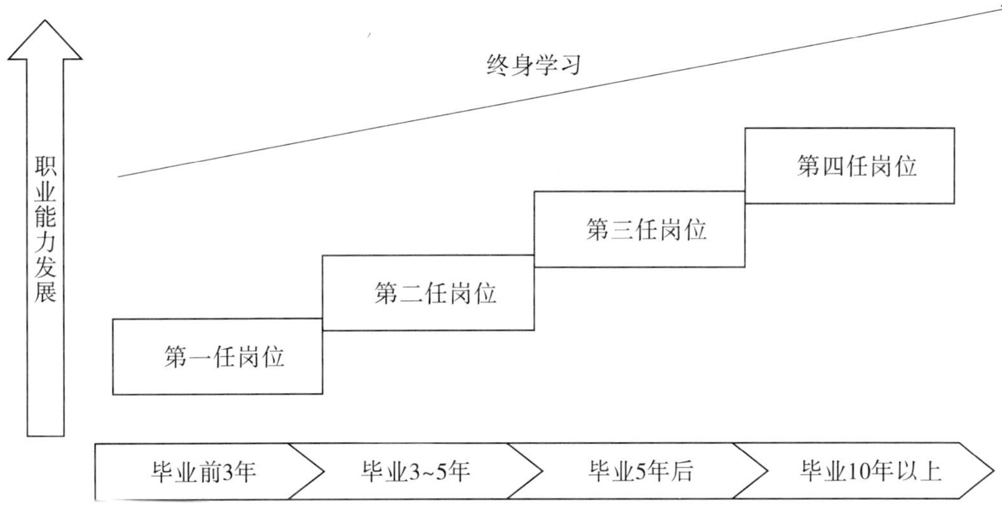

图 2 －4　汽车检测与维修技术专业学生职业生涯发展示意图

表 2 －5　职业岗位与职业能力发展关系对应表

岗位发展	第一任岗位群	第二任岗位群	第三任岗位群	第四任岗位群
职业岗位	机修中工、电工中工；汽车检测员、汽车评估员	机修组长、电工组长；检测组长；技术主管；前台主管、维修店店长	车间主任、技术主管；检测站技术负责人、连锁维修店区域经理	企业（技术）经理、检测站站长、技术总监、总工、行业专家
对应职业能力等级	1 ~3 级	3 ~4 级	4 ~5 级	5 ~6 级

综上分析，本专业人才培养目标岗位及能力定位是：面向珠三角地区先进制造业的汽车后市场的机电维修班组长、技术主管、检测组长、前台主管、维修店店长等为

主的第二任岗位群，具备相应的职业能力，能够取得汽车维修中级工（含）以上职业资格证。

7. 知识、能力、素质要求

（1）知识结构要求。

掌握本专业必修的文化体育基础知识，包括思想政治、实用英语、应用数学、体育与健康、计算机应用基础与信息处理等。

熟练掌握本专业所必需的汽车“基本”专业知识，包括机械识图、汽车工程材料、工程力学、机原机零、液压与液力传动、汽车电工电子基础、汽车构造及原理等。

熟练掌握汽车“综合”专业知识，包括汽车综合性能检测、汽车发动机、底盘、电气和车身电控系统的诊断与修复、汽车测试技术、汽车维修企业管理知识等。

熟练掌握汽车“专项”专业知识，包括典型车系综合故障的诊断与修复、柴油机电控系统和自动变速器的专项检测与修复、汽车维修质量检测等。

（2）能力结构要求。

汽车检测与维修技术专业能力结构要求见表2－6。

表2－6　汽车检测与维修技术专业能力结构要求

能力分类		能力名称	能力描述
关键能力	社会能力	沟通交流	具有交流表达、与人合作和与客户沟通的能力
		团队合作	条理清晰严谨，具有合作解决维修问题的能力
		文字表达	具有撰写汽车维修等专业技术报道的能力
		责任意识	具有良好的工作习惯、安全和环保意识
		问题解决	具有汽车及其系统维修方案制定、生产组织、检查和质量控制的能力
		经受挫折	具有强烈的竞争意识，坚忍不拔的毅力，顽强不屈的拼搏精神
	方法能力	创新革新	具有崇尚科学、善于学习、勇于钻研、开拓创新的良好风尚
		自主学习	具有自我学习汽车新技术的能力
		信息技术	具有汽车维修信息查找和处理的能力
		数据分析与处理	具有对汽车及其系统的功能与其相互关系的分析能力
		总结能力	具有对汽车及其系统技术状况、故障、损伤、事故的检测、鉴定、分析评估的能力
		外语应用	具有查找和阅读英文资料解决汽车专业资料的能力

续上表

能力分类	能力名称	能力描述
专业能力	识图和工量具使用	能识读汽车零件图和装配图并正确熟练使用工量具，操作常用检测、维修设备
	汽车维护	能够正确进行汽车维护作业，掌握汽车主要总成装配、检验与调试方法
	汽车检测、维修	能够熟练进行汽车发动机和底盘机械系统、电控系统、汽车电气系统、汽车车身舒适与安全系统的检测与修复
	汽车综合故障诊断	具有汽车综合故障诊断能力和汽车修竣后的检验能力
	汽车维修技术管理	具备汽车维修企业技术管理能力和汽车销售企业营销策略能力，以及机动车鉴定、评估、保险、理赔的基本能力

（3）素质结构要求。

具有正确的世界观、人生观、价值观，热爱祖国，为人民服务；

具有良好的职业道德，为顾客着想，认真踏实，遵纪守法，诚实守信；

具有集体主义意识，良好的合作意识、人际关系、处世方式和协调能力；

具有健康的审美观，吃苦耐劳的精神，勤俭节约的作风；

具有良好的身体与心理素质，乐观向上的生活态度；

具有积极参与、主动探索的精神和创新思维能力，树立创新意识；

具有强烈的责任意识和安全意识，以及认真细致的工作作风。

8．专业群

汽车检测与维修技术专业与学校其他专业的组群情况见表2－7。

表2－7　汽车检测与维修技术专业与学校其他专业的组群情况

是否组群		√组群　　　□不组群，但在该群内可起协同或支撑发展作用
组群依据		行业岗位组群为主，学科/技术基础组群为辅
专业群名称		汽车专业群
群内专业的名称		汽车检测与维修技术、汽车电子技术、汽车技术服务与营销、工程机械运用技术
引领专业的名称		汽车检测与维修技术
主要的平台课程	群内	汽车专业导论、汽车机械基础技术应用（一）、汽车机械基础技术应用（二）、★发动机构造与检修、电工与电子技术应用、商务礼仪与沟通技巧、汽车使用与维护、★底盘构造与检修、★车辆电气系统构造与检修、汽车与配件营销、专业英语、汽车保险与理赔、汽车企业管理、新能源汽车概率
	跨群	机械零部件识图、电工与电子基础

9．课程体系

（1）课程体系结构。

课程体系设计思路：通过对珠三角地区汽车检测与维修行业的岗位设置、人才需求的调研分析，明确汽车检测与维修技术专业培养目标及面向的职业岗位（群），同时，借鉴英国和中国香港国际化职业资格标准及宝马、丰田企业培训的优点，参照其企业岗位工作任务和职业能力层级、横纵向架构关系等，构建分级的汽车检测与维修专业职业能力模块库，依据“汽车修理工”等国家职业资格标准，围绕岗位能力要求，构建能力核心的课程体系，并制定专业课程标准，课程体系的设计思路如图2－5所示。

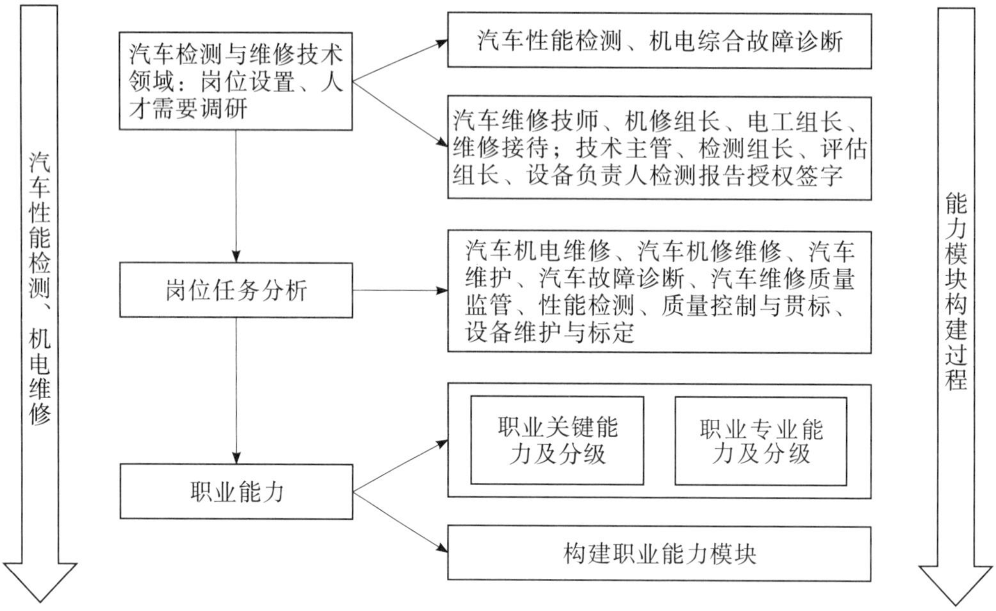

图2－5　汽车检测与维修技术专业课程体系的设计思路图

（2）职业能力分解与课程体系构建。

三个课程平台借鉴英国、德国、中国香港等教学标准及宝马、丰田等企业员工培训标准，根据汽车检测与维修专业人员从学徒成长为班组长、技术主管、技术经理、企业高管、行业专家的职业岗位和相应的职业能力的成长规律，将职业能力及相应岗位划分为6级，形成汽车专业6级职业能力体系和对应的职业能力单元模块库。基于专业群职业能力模块库，定位人才培养目标和能力培养路径，选择相应模块，将模块中的知识、技能、能力要求转化为教学目标，以纵向分级提升专业汽车性能检测、机电维修等主要工作领域能力为主，横向拓展相关领域能力为辅，构建了汽车专业能力分级课程体系，形成了“基本、综合、专项能力”课程平台，工作过程导向开发课程，使课程符合职业能力发展规律。基本能力平台课程培养学生1～3级职业能力，使学生具有扎实的专业基本知识、技能和能力。综合能力平台课程培养学生3～4级职业能力，使学生具有综合应用能力。专项能力平台课程拓展学生4级以上职业能力，使其具备可持续发展能力如图 2-6 所示，实现毕业证、职业资格证书和企业培训合格证书的“三证融通”。

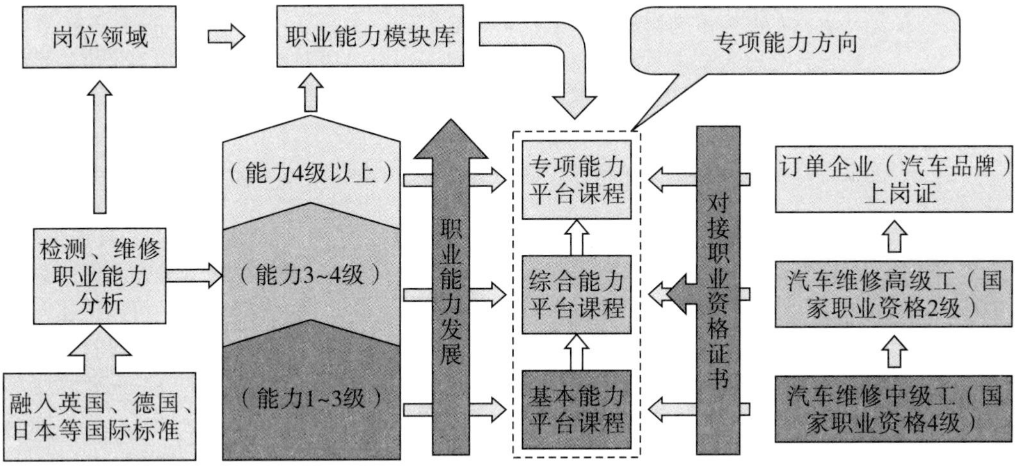

图 2-6　汽车检测与维修技术专业课程体系框架

（3）四类专业课程。

工作导向任务课程以真实生产任务的完成模式进行教学设计，重点培养学生的生产技能，使学生达到 1~2 级职业能力。

工作导向项目课程属于前期、中期课程，学生的知识和技能还处于积累阶段，以能力目标为依据，融合知识和技能设计项目任务，培养学生 1~3 级职业能力。

工作导向系统化课程属于中期、后期课程，学生的知识和技能积累已较为全面，以实际复杂的生产任务、工作过程设计学习情境，将“工作过程”与“学习过程”融为一体，培养学生 3~4 级职业能力。

拓展性学科课程为学生提供拓展性的专业理论知识，使其职业能力向更高层次发展。

表 2-8　四类专业课程鉴别的属性与特点

课程类型	课程名称	开设学期	特点
工作导向项目课程	机械零部件识图、汽车机械基础技术应用（一）、汽车机械基础技术应用（二）、★发动机构造与检修、电工与电子技术应用、商务礼仪与沟通技巧、汽车使用与维护、★底盘构造与检修、★车辆电气系统构造与检修、汽车与配件营销、专业英语、汽车保险与理赔、汽车企业管理、新能源汽车概率、汽车售后服务管理、汽车测试技术、新能源车辆结构与检修	1~3 学期	属于前期、中期课程，学生的知识和技能还处于积累阶段，以学习情境为单元设计项目任务。培养 1~3 级职业能力，对应中级工职业资格技能要求

续上表

课程类型	课程名称	开设学期	特点
工作导向任务课程	★汽车电控系统诊断与修复、★汽车安全与舒适系统诊断与修复、汽车使用性能与检测、汽车维修质量检验、现代诊断仪使用、柴油机电控系统诊断与修复、汽车车身网络技术与检修	4 学期	与简单的生产任务对应，重点培养学生的操作技能。培养 2 ~ 3 级职业能力。对应初级工、中级工职业资格技能要求
工作导向系统化课程	★汽车故障诊断技术、汽车空调专项检测与修复、二手车鉴定与评估、顶岗实习、宝马专项技能课程包、丰田专项技能课程包、博世专项技能课程包、日产专项技能课程包、汽车美容与快修专项技术、汽车底盘调校专项技术、自动变速器专项检测与修复	5 学期	属于中期、后期课程，学生的知识和技能积累已较为全面，可以以实际复杂的生产任务设计学习情境。培养 3 ~ 4 级职业能力。对应高级工、技师职业资格技能要求
拓展性学科课程	汽车专业导论、汽车企业管理、新能源汽车概论	1 ~ 5 学期	其他几类课程同步开设，为学生提供一些拓展性的专业理论知识，培养学生的思维能力

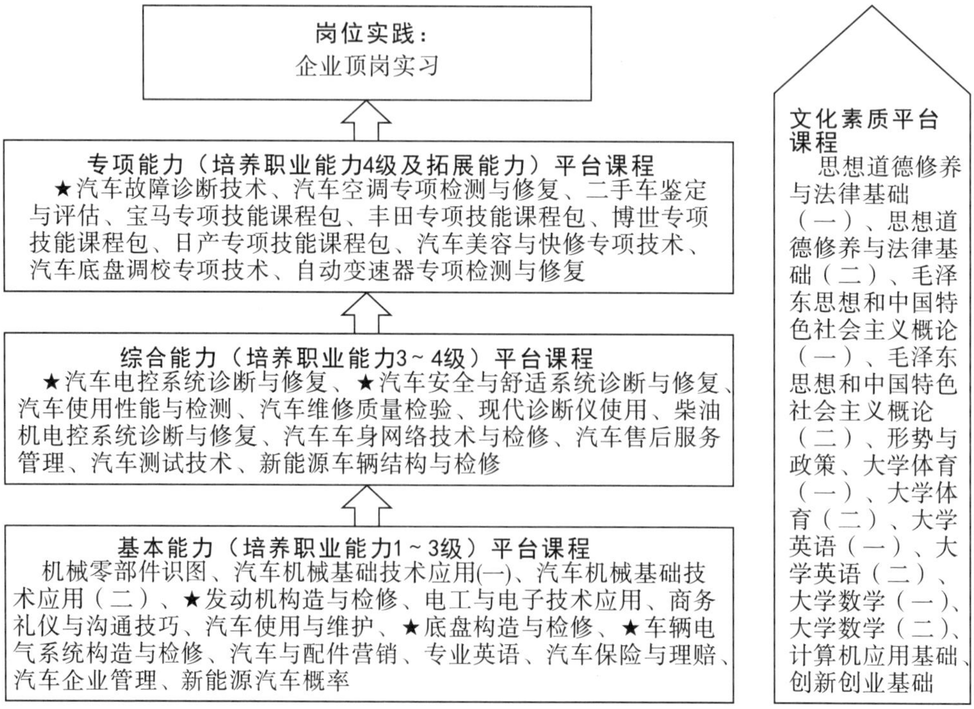

图 2－7　汽车检测与维修技术专业课程体系课程构成

文化素质平台课按照国家教育主管部门的规定要求，以作为社会存在的个体必须掌握和具备的社会共同知识和素质为标准开设；“基本技能”阶段形成汽车维护的专业核心技能；“综合技能”阶段形成汽车诊断、鉴定、技术综合运用和现场管理的专业核心技能；“专项技能”阶段形成汽车专项和特色维修核心技能。学生专业知识、技能、职业能力和素质的形成是一条平台化、进阶式的路线，围绕培养专业核心技能，培养具备汽车检测与维修技术行业所需的职业能力和创新能力的技能型人才。

（4）课程（含实训）设置。

本专业课程体系由公共课程（公共基础课模块、通识课与公共选修课模块）、基本技能课、综合技能课、特色技能课、第二课堂5部分构成。

公共基础课中，大学体育实行分模块教学，大学英语实行分类分级教学，大学数学实行分类分模块教学，计算机应用基础实行分类教学。公共基础课模块的各门课程的名称、内容、建议的学时、教学要求、教学方法等见表2－9。

表2－9 公共基础课设置

课程模块	课程名称	主要内容（含实践项目）与教学要求	建议的学时、学期、教学方法
公共基础课模块（必修）	思想道德修养与法律基础（一）、（二）	主要内容（含实践项目）：略。 教学要求：略	学时：62 学期：第1、2学期 教学方法：略
	毛泽东思想和中国特色社会主义概论（一）、（二）	主要内容（含实践项目）：略。 教学要求：略	学时：68 学期：第3、4学期 教学方法：略
	形势与政策	主要内容（含实践项目）：略。 教学要求：略	学时：15 学期：第1学期15学时，第2～第4学期每学期开设3次讲座 教学方法：略
	大学体育（一）、（二）	主要内容（含实践项目）： 田径、体操、球类、游泳、拳击、休闲体育的基本知识、技术技能以及生理卫生的一般知识；突出实用性，融入与行业职业相关的知识和体能，兼顾学生的职业发展。 教学要求： 使学生掌握一定的体育知识和技术技能，具有一定的竞赛、娱乐、锻炼身体的能力，平时能借助体育技术、技能，在日常活动中能进行身体素质锻炼，达到国家体质健康标准；在增强学生体质、促进健康的同时，使得学生具有终身体育意识，培养学生良好的心理素质，树立正确的审美观	学时：66 学期：第1学期30学时，第2学期32学时 教学方法：讲授法、互动直观教学法、练习法、教学比赛法

续上表

课程模块	课程名称	主要内容（含实践项目）与教学要求	建议的学时、学期、教学方法
公共基础课模块（必修）	大学英语（一）、（二）	主要内容（含实践项目）： 教学内容与英语应用所涉及的职业生活、日常生活和大学生活紧密关联，以提高学生英语综合应用能力为目的，强调学生听、说、读、写、译等能力的培养，突出实用性，融入与学生专业相关的职场英语知识，兼顾学生的职业发展。 教学要求： 使学生掌握一定的英语知识和技能。具有一定的听、说、读、写、译的能力，从而能借助词典阅读和翻译有关英语业务资料，在涉外交际的日常活动和业务活动中能进行简单的口头和书面交流，并为今后进一步提高英语的交际能力和利用英语学习本专业相关知识打下基础	学时：132 学期：第 1 学期 60 学时，第 2 学期 64 学时 教学方法：交互式教学法、交际教学法、任务式教学、角色扮演法、练习法、文化比较教学法等
	大学数学（一）、（二）	大学数学（一） 主要内容（含实践项目）： 函数、极限与连续，导数与微分、导数与微分的应用，不定积分、定积分及应用。 教学要求： 了解微积分学的基本概念，掌握微积分的基本理论，学会微积分的基本运算技能，具有抽象思维能力、逻辑推理能力、运算能力和自学能力，在培养学生的数学应用意识、分析和解决实际问题的能力以及创新精神等方面发挥重要作用，为其今后的可持续发展奠定基础。 大学数学（二） 主要内容（含实践项目）： 常微分方程、行列式与矩阵、拉普拉斯变换。 教学要求： 通过学习常微分方程、行列式与矩阵、拉普拉斯变换等知识，为后续课程及今后从事专业技术工作提供必要的数学基础知识	大学数学（一） 学时：60 学期：第 1 学期 教学方法：讲授法、讨论法、直观教学法等 大学数学（二） 学时：32 学期：第 2 学期 教学方法：讲授法、讨论法、直观教学法等
	计算机应用基础	主要内容（含实践项目）： 认知计算机系统；Windows 操作系统的使用；文字处理软件的应用；制作电子表格；制作演示文稿；互联网使用。 教学要求： 使学生了解信息技术的发展，理解信息技术的常用术语和基本概念；熟练使用 Windows 操作平台；熟练掌握 Office 的 Word、Excel、PowerPoint 等主要软件使用；具有网络的基础知识，学会通过网络获取信息、分析信息、利用信息以及进行信息交流	学时：45 学期：第 2 学期 教学方法：项目教学法、任务驱动法、“教学做”一体化

续上表

课程模块	课程名称	主要内容（含实践项目）与教学要求	建议的学时、学期、教学方法
公共基础课模块（必修）	创新创业基础	略	学时：15 学期：第1学期 教学方法：略
	大学生心理健康	略	学时：15 学期：第1学期 教学方法：略
	就业指导	略	学时：15 学期：第4学期 教学方法：略

通识课与公共选修课。通识课分为人文社科、自然科学与工程技术、交通行业、创新创业4类课程，公共选修课分为兴趣特长、专业能力拓展2类课程。通识课、公共选修课一般采用18学时1学分、28学时1.5学分两种形式。

学生可在第2～第5学期选修，三年制要求修满8学分，其中通识课不少于6学分。本专业至少选交通行业类课程1学分、创新创业类课程1学分、人文社科类课程2学分。

具体课程按照教务处每学期下发的通识课、公共选修课进行。

基本技能课设备见表2－10。

表2－10 基本技能课设置表

课程模块	课程名称	主要内容（含实践项目）与教学要求	建议的学时、学期、教学方法
群内专业基础课/基本技能课（必修）	汽车专业导论	主要内容： 本专业性质、知识体系、学习内容、学习方法和课程设置的介绍。 教学要求： 了解本专业内涵特点、专业与社会经济发展的关系、专业涉及的主要学科知识和课程体系、专业人才培养的基本要求	学时：15 学期：第1～第4学期 教学方法：讲座（每学期1次/4学时）

续上表

课程模块	课程名称	主要内容（含实践项目）与教学要求	建议的学时、学期、教学方法
群内专业基础课/基本技能课（必修）	机械零部件识图	主要内容： 制图的基本知识、平面图形的画法、投影的知识、组合体投影、汽车机件常用表达方式、汽车常用零件、标准件表达方法、识读汽车零部件图样、识读装配图图样。 教学要求： 1. 识读零件的三视图表达； 2. 识读简单零件图； 3. 掌握运用 AUTOCAD 技能绘制简单零件图的方法和知识； 4. 能正确、熟练地识读复杂程度较高的装配图。 实践要求： 达到汽车修理中级工职业标准要求	学时：45 学期：第 1 学期 教学方法：讲授法、讨论法、直观教学法等
	汽车机械基础技术应用（一）、（二）	主要内容： 汽车机械构造总体认识，零部件材料基础知识，传动原理、平面机构组成、机构简图绘制，曲柄连杆机构受力分析，金属材料拉伸与压缩性能，凸轮结构、原理及分析，带传动与链传动安装调试，汽车轮系（齿轮）分类功用，轴结构与受力分析，液压与液力传动的基本知识与应用。 教学要求： 1. 认识汽车机械的组成，掌握汽车机械机构传动特性，能够进行汽车机械机构受力分析及简单计算； 2. 正确使用机械手册（标准），掌握汽车常用零部件选用、组合拆装和调试的知识； 3. 了解安全操作各种常用机械加工设备，正确使用常用维修工具、量具进行汽车维护生产； 4. 能够正确判断、选用汽车常用机械机构； 5. 能够根据汽车轴系零部件的功用、类型、结构、受力、失效形式、材料及应用、公差与技术测量、工艺、规范或标准等知识进行零部件的选用； 6. 能够运用汽车修理基础操作要领、机加工和钳工等基本知识。 实践要求： 达到汽车修理中级工职业标准要求	学时：96 学期：第 1、2 学期 教学方法：讲授法、讨论法、直观教学法等

续上表

课程模块	课程名称	主要内容（含实践项目）与教学要求	建议的学时、学期、教学方法
群内专业基础课/基本技能课（必修）	商务礼仪与沟通技巧	主要内容： 商务礼仪的基本原则、人际沟通的基本原则、沟通的基础知识、语言沟通技巧、非语言沟通技巧。 教学要求： 1. 掌握客户服务时的语言沟通知识； 2. 掌握客户服务时的非语言沟通知识； 3. 能够通过客户服务沟通核心环节的技巧演练切实提升一线人员处理客户不满与抱怨的能力。 实践要求： 达到汽车修理中级工职业标准要求	学时：36 学期：第2学期 教学方法：讲授法、讨论法、直观教学法、角色扮演法等
	★发动机构造与检修	主要内容： 发动机整体的认识，传动带的检查、更换，气缸体、气缸盖的检测与修理，正时带/链的检查、更换（就车），配气机构的拆检、燃油系统的检测与修理、冷却系统的认识与检修、润滑系统的认识与检修。 教学要求： 1. 熟习发动机各机构与系统的结构、工作原理； 2. 熟习发动机各部分的工作环境、主要损伤和检验方法； 3. 掌握发动机机械系统常见故障的诊断与修复方法； 4. 能够对发动机进行正确拆装。 实践要求： 达到汽车修理中级工职业标准要求	学时：64 学期：第2学期 教学方法：讲授法、讨论法、直观教学法、角色扮演法等
	★底盘构造与检修	主要内容： 底盘各总成的结构和工作原理，底盘的使用、维修、检测、调试、故障诊断与排除等。其中包括液压式自动变速器的结构、工作原理与检修。 教学要求： 1. 了解汽车底盘各个系统及总成的结构与工作原理； 2. 掌握各总成的拆装步骤、方法和技术要求； 3. 掌握汽车底盘系统常见故障的诊断与排除方法； 4. 熟习常用设备的使用和维护方法； 5. 能掌握车辆信息、准确识别车辆系统，利用技术资料初步评定车辆技术状况； 6. 能利用专用的诊断设备对汽车底盘系统进行正确的诊断。 实践要求： 达到汽车修理中级工职业标准要求	学时：64 学期：第3学期 教学方法：讲授法、讨论法、直观教学法、角色扮演法等

续上表

课程模块	课程名称	主要内容（含实践项目）与教学要求	建议的学时、学期、教学方法
群内专业基础课/基本技能课（必修）	★车辆电气构造与检修	主要内容： 汽车电器设备的结构、工作原理、使用、电路连接及常见故障的诊断与排除，各主要电气元件的检测、调试、维修；汽车空调的组成、结构、工作原理、使用、维修、检测、常见故障诊断及排除。 教学要求： 1．掌握汽车电器设备一、二级维护； 2．掌握汽车电器设备典型故障检修。 实践要求： 达到汽车修理中级工职业标准要求	学时：66 学期：第3学期 教学方法：讲授法、讨论法、直观教学法、角色扮演法等
	汽车使用与维护	主要内容： 认识汽车常用材料，能按照维护合同、维护工单要求，从经济、安全、环保及满足顾客需求角度来确定维护作业计划，独立进行汽车维护工作，确保维护车辆各项性能要求，并自觉遵循安全作业规范及6S的工作要求。 教学要求： 汽车整车一、二级维护与保养。 实践要求： 达到汽车修理中级工职业标准要求	学时：32 学期：第2学期 教学方法：讲授法、讨论法、直观教学法、角色扮演法等
	汽车与配件营销	主要内容： 汽车营销、配件营销管理、汽车后市场调研、需求分析、营销组合。 教学要求： 1．掌握营销流程； 2．掌握营销管理； 3．掌握配件销售与管理； 4．能够组织开展一次模拟产品营销活动。	学时：44 学期：第2学期 教学方法：讲授法、讨论法、直观教学法、角色扮演法等

续上表

课程模块	课程名称	主要内容（含实践项目）与教学要求	建议的学时、学期、教学方法
群内专业基础课/基本技能课（必修）	专业英语	主要内容： 英文介绍汽车各系统结构、工作原理，英文维修手册、专业术语。 教学要求： 1. 能够阅读各种英文维修手册、使用说明、配件表单等英文说明书； 2. 能够填写英文专业单。 实践要求： 达到汽车修理高级工职业标准要求	学时：33 学期：第 3 学期 教学方法：讲授法、讨论法、直观教学法、角色扮演法等
	汽车保险与理赔	主要内容： 汽车保险条款和法律法规的解读，汽车保险需求分析，汽车保险方案的设计与推荐，汽车出险后理赔咨询指导，事故汽车保险定损与费用评估，汽车保险代理与营销基本方法，保险售后服务基本知识和技能。 教学要求： 1. 能运用汽车保险条款，制定适合的汽车保险方案； 2. 能运用事故汽车保险定损与费用评估方法，沟通事故汽车损伤修复预算。 实践要求： 达到汽车保险与理赔岗位要求	学时：44 学期：第 3 学期 教学方法：讲授法、讨论法、直观教学法、角色扮演法等
	汽车企业管理	主要内容： 汽车维修企业的战略管理、服务流程管理、客户关系的经营管理、顾客投诉管理、6S 管理、汽车维修质量管理、组织机构和人力资源管理、配件管理、财务管理及汽车维修行业管理规定。 教学要求： 1. 了解维修企业的各项管理工作； 2. 知道汽车维修企业管理的理论知识； 3. 掌握汽车维修企业管理技巧。 实践要求： 达到汽车维修中级工职业标准要求	学时：44 学期：第 3 学期 教学方法：讲授法、讨论法、直观教学法、角色扮演法等
	新能源汽车概率	—	—

续上表

课程模块	课程名称	主要内容（含实践项目）与教学要求	建议的学时、学期、教学方法
跨群专业基础课/基本技能课（必修）	电工与电子基础	主要内容： 直流与交流电路基本知识、直流与交流电动机基本知识、直流与交流发电机基本知识，晶体二极管和整流电路基本知识与运用、晶体管放大电路基本知识与运用，正弦波振荡电路知识与运用，集成电路放大器基本知识，稳压和调压电路基本知识脉冲数字电路基本原理。 教学要求： 1. 能够掌握直流电路分析与检测； 2. 掌握交流电路分析与检测； 3. 掌握数字电路分析与检测。 实践要求： 达到中级维修电工要求	学时：60 学期：第2学期 教学方法：讲授法、讨论法、直观教学法等

综合技能课设置见表2－11。

表2－11　综合技能课设置表

课程模块	课程名称	主要内容（含实践项目）与教学要求	建议的学时/周数、学期、教学方法
专业课模块（必修）	★汽车电控系统诊断与修复	主要内容： 发动机汽油喷射和柴油喷射电子控制系统传感器的工作原理及应用，汽油机点火控制与波形分析、发动机进排气控制、动力转向系统控制、电控悬架、汽车电子稳定系统、测试技术及传感器的基本知识，汽车常见信号采集及控制技术。 教学要求： 1. 掌握发动机电控检测与故障诊断； 2. 掌握汽车底盘电控系统的故障诊断和排除； 3. 掌握诊断仪器的使用。 实践要求： 达到汽车维修中级工职业标准要求	学时：68 学期：第4学期 教学方法：讲授法、讨论法、直观教学法等
	★汽车安全与舒适系统诊断与修复	主要内容： 车身附属电器电控设备的结构和工作原理；车身附属设备的使用、维修、检测、调试、故障诊断与排除等。 教学要求： 1. 能够维护车身设备； 2. 能够检修车身设备。 实践要求： 达到汽车修理中级工职业标准要求	学时：51 学期：第4学期 教学方法：讲授法、讨论法、直观教学法等

续上表

课程模块	课程名称	主要内容（含实践项目）与教学要求	建议的学时/周数、学期、教学方法
专业课模块（必修）	★汽车售后服务管理	主要内容： 特约经销商基础知识、前台接待、车间修理、备件管理、索赔管理、经销商内部管理、客户满意度管理、特约经销商其他业务、汽车生产企业与特约经销商、我国汽车维修企业等。 教学要求： 1. 熟悉汽车售后接待流程； 2. 能够完成汽车配件管理； 3. 能够处理好不同客户间的投诉； 4. 能够完成索赔管理等	学时：51 学期：第4学期 教学方法：讲授法、讨论法、直观教学法、角色扮演法等
	汽车使用性能与检测	主要内容： 汽车检测技术基础理论知识、发动机性能检测技术、底盘性能检测技术、电气系统性能检测技术、整车性能检测技术和汽车检测站6个方面的内容，其中包括对现代汽车检测设备的检测原理、基本结构、工作原理和使用，及国家和行业标准中的技术要求、检测方法和诊断参数标准。 教学要求： 1. 掌握检测站各工位功能及操作规范； 2. 掌握各工位检测技能； 3. 掌握检测设备的日常维护和保养。 实践要求： 达到汽车检测中级工职业标准要求	学时：51 学期：第4学期 教学方法：讲授法、讨论法、直观教学法等
	汽车测试技术	主要内容： 汽车测试技术的基础理论和方法，包括信号及其分类，测试装置的基本特征，常用传感器原理及其测量电路，信号调理、处理与记录，测量误差分析，静、动态测量数据处理，微机在测试技术中的应用典型汽车测试系统等的内容。 教学要求： 1. 掌握汽车测试知识； 2. 掌握汽车测试工具的使用； 3. 掌握汽车测试的流程； 4. 掌握汽车测试数据的分析	学时：34 学期：第4学期 教学方法：讲授法、讨论法、直观教学法等

续上表

课程模块	课程名称	主要内容（含实践项目）与教学要求	建议的学时/周数、学期、教学方法
专业课模块（必修）	汽车维修质量检验	主要内容： 车间技术主管、车间质量检验员根据维修工单，能在规定工时内按照专业性、规范性、标准性要求完成汽车维护及修复竣工汽车的各总成、整车进行质量检验工作。本课程的内容主要为针对汽车各总成及整车维护或修理后，根据国家、行业及地方标准，要求做到的检验项目和达到的质量指标。 教学要求： 能够进行汽车维修竣工后中的相关质量检验操作，基本包括：（1）车轮定位参数质量检验；（2）汽车维护竣工质量检验；（3）汽车各总成修复及汽车大修竣工质量检验	学时：34 学期：第4学期 教学方法：讲授法、讨论法、直观教学法等
专业限选课模块（选修）	汽车车身网络技术与检修	主要内容： 汽车总线原理、构成及发展；能够检修车辆总线。 教学要求： 1. 检修车辆总线； 2. 掌握信号检测。 实践要求： 达到汽车检测中级工职业标准要求	学时：51 学期：第4学期 教学方法：讲授法、讨论法、直观教学法等
	现代诊断仪使用	主要内容： 汽车故障诊断中出现的常见诊断仪器的使用。针对不同故障类型，选用不同的诊断仪器。 教学要求： 1. 能够对汽车各系统的重要部位进行检测和调整； 2. 具备对汽车典型故障进行诊断、检测与排除的能力。 实践要求： 达到高级维修电工要求	学时：51 学期：第4学期 教学方法：讲授法、讨论法、直观教学法等
	柴油机电控系统诊断与修复	主要内容： 柴油机电控系统的基本知识，柴油机喷射电子控制系统传感器的工作原理及应用，能够判断和排除柴油机常见故障。 教学要求： 1. 掌握不同类型电控柴油机的结构与工作原理； 2. 掌握共轨柴油机常见故障的检修技能； 3. 掌握柴油机检测设备的使用与维护。 实践要求： 达到汽车维修工中级工职业标准要求	学时：51 学期：第4学期 教学方法：讲授法、讨论法、直观教学法等

续上表

课程模块	课程名称	主要内容（含实践项目）与教学要求	建议的学时/周数、学期、教学方法
专业限选课模块（选修）	新能源车辆结构与检修	主要内容： 纯电动汽车、混合动力电动汽车、燃料电池电动汽车、燃气汽车、太阳能汽车、醇燃料汽车、二甲醚燃料汽车、压缩空气汽车以及汽车怠速启停系统、汽车超级电容储能装置、飞轮储能装置等新能源汽车及节能转置的基本结构与工作原理和新能源电动汽车的维修。 教学要求： 1. 掌握新能源汽车构造与原理知识； 2. 能够进行电池保养与更换； 3. 能够进行新能源动力系统检修。 实践要求： 达到汽车电工高级工职业标准要求	学时：51 学期：第4学期 教学方法：讲授法、讨论法、直观教学法等
	汽车空调故障诊断与修复	主要内容： 自动空调原理、空调维护、制冷剂更换、空调电控系统维修。 教学要求： 1. 能够进行空调维护； 2. 能够进行空调电控系统维护。 实践要求： 达到高级维修工要求	学时：40 学期：第5学期 教学方法：讲授法、讨论法、直观教学法等
	汽车故障诊断技术	主要内容： 汽车故障诊断的基本知识以及故障诊断检测设备的使用与维护；维修手册等维修资讯的检索；学习特定车型特点；选择典型车系（亚洲、欧洲、美洲常见车型）进行整车资料查询、实车故障诊断和排除。 教学要求： 1. 能够进行典型车系的维修信息的检索； 2. 能够进行典型车系的机械及电器与电子系统的检修。 实践要求： 达到汽车修理高级工职业标准要求	学时：40 学期：第5学期 教学方法：讲授法、讨论法、直观教学法等

续上表

课程模块	课程名称	主要内容（含实践项目）与教学要求	建议的学时/周数、学期、教学方法
专业限选课模块（选修）	自动变速器的专项检测与修复	主要内容： 汽车自动变速器的构造、工作原理以及故障诊断和拆装维修技术。包括三个部分：自动变速器的结构与原理、调试与诊断、概述。 教学要求： 1. 能够进行自动变速器拆装； 2. 能够进行自动变速器实验； 3. 能够进行自动变速器故障诊断与维修。 实践要求： 达到汽车检测中级工职业标准要求	学时：40 学期：第5学期 教学方法：讲授法、讨论法、直观教学法等
	汽车美容与快修专项技术	主要内容： 汽车美容理论知识、喷涂生产工艺过程，掌握典型车身部件喷涂的操作技能、喷涂作业标准及其评价指标，具有组织和安排喷涂作业生产过程及工艺方法的能力，自觉遵循安全作业规范及6S的工作要求，为今后从事汽车喷涂工作奠定坚实的基础。 教学要求： 1. 完成色漆调配； 2. 正确使用喷漆设备完成喷涂工艺。 实践要求： 达到汽车修理高级工职业标准要求	学时：32 学期：第5学期 教学方法：讲授法、讨论法、案例分析法等
	汽车底盘调校专项技术	主要内容： 汽车底盘悬架系统的结构；汽车车轮的参数标注；车轮动平衡仪及车轮动平衡的操作与调整；四轮定位仪的结构；车辆底盘定位参数的检查与调整；四轮定位仪的保养与校准。 教学要求： 1. 掌握四轮定位及车轮动平衡的基础知识； 2. 掌握四轮定位检查调整方法； 3. 对汽车的四轮定位故障具有初步的分析能力； 4. 能够进行四轮定位的调整工作； 5. 能够进行四轮定位的故障分析； 6. 能够了解动车轮平衡仪及四轮定位仪的选用及经营等	学时：32 学期：第5学期 教学方法：讲授法、讨论法、案例分析法等

续上表

<table>
<tr><th>课程模块</th><th>课程名称</th><th>主要内容（含实践项目）与教学要求</th><th>建议的学时/周数、学期、教学方法</th></tr>
<tr><td rowspan="4">专业限选课模块（选修）</td><td>宝马专项技能课程包</td><td>主要内容：略。
教学要求：略</td><td>学时：120 学时/5 周
学期：第 5 学期
教学方法：讲授法、讨论法、案例分析法等</td></tr>
<tr><td>博世专项技能课程包</td><td>主要内容：
博世汽车电子维修信息系统 ESI［tronic］的安装、组成、作用和使用方法；博世汽车零配件的类型、发展、结构、特点及失效分析，博世 KTS 车辆诊断仪的使用；博世蓄电池充电机、辅助启动机的使用与保养；博世汽车蓄电池 121、131 检测仪的使用与保养、博世 FSA 740 汽车综合故障分析仪的组成、作用及汽车故障检修案例应用。
教学要求：
1. 能够安装专业的电子版汽车零配件查询系统；
2. 能够利用汽车零配件查询系统 ESI［tronic］系统进行汽车零配件查询；
3. 能够分辨出博世汽车零配件的失效类型；
4. 能够借助博世 KTS 车辆诊断仪的使用查询故障、维修电路图及标准数据资料等；
5. 能够使用博世蓄电池充电机、辅助启动机完成电池充电及辅助启动任务；
6. 会使用博世汽车蓄电池 121、131 检测仪；
7. 掌握博世 FSA 740 汽车综合故障分析仪的组成与作用；
8. 能够利用博世 FSA 740 进行汽车故障检修</td><td>学时：120 学时/5 周
学期：第 5 学期
教学方法：讲授法、讨论法、案例分析法等</td></tr>
<tr><td>丰田专项技能课程包</td><td>主要内容：略。
教学要求：略</td><td>学时：120 学时/5 周
学期：第 5 学期
教学方法：讲授法、讨论法、案例分析法等</td></tr>
<tr><td>日产专项技能课程包</td><td>主要内容：略。
教学要求：略</td><td>学时：120 学时/5 周
学期：第 5 学期
教学方法：讲授法、讨论法、案例分析法等</td></tr>
</table>

集中实践课/特色技能课设置见表2－12。

表2－12　集中实践课/特色技能课设置表

课程模块	项目名称	实践项目的主要内容与要求	建议的周数/学时、学期、教学方法
整周实训、课程设计/特色技能课（必修）	入学教育与军训、军事理论	略	周数/学时：2周/24学时 学期：第1学期 教学方法：略
	汽车机械维修基本技能综合实训	本实训项目对应“汽车机械基础技术应用”专业课程，具体要求： 1. 掌握车床的正确使用，车床保养知识； 2. 掌握钳台、虎钳、钻床的正确使用与保养知识； 3. 掌握编制钳工常见加工对象的加工工艺知识； 4. 能够合理使用高速钢、硬质合金材质的外圆车刀； 5. 能够初步使用刃磨结构简单的车刀； 6. 能够合理使用三爪卡盘、顶尖等夹具； 7. 能够合理使用游标卡尺、千分尺、内径量表、螺纹量规等量具； 8. 能够合理选择使用平板、划针、手锯、锉刀、钻头等钳工常用工具、刀具； 9. 能够正确检测工件，判断工件的加工缺陷；并能够采取工艺措施改进加工方法，保证加工要求	周数/学时：2周/48学时 学期：第1学期 教学方法：理实一体化
	汽车营销综合实训	本实训项目对应“汽车与配件营销”专业课程，具体要求： 1. 熟习汽车销售知识； 2. 掌握汽车六步销售法等汽车销售流程； 3. 掌握汽车销售礼仪知识； 4. 能够查找相关中英文技术资料； 5. 能够按照规范完成丰田销售业务流程； 6. 能够按照规范完成丰田COROLLA推销要点； 7. 能够严格遵守销售礼仪； 8. 能够按照相关体系文件进行现场管理	周数/学时：1周/24学时 学期：第3学期 教学方法：理实一体化

续上表

课程模块	项目名称	实践项目的主要内容与要求	建议的周数/学时、学期、教学方法
整周实训、课程设计/特色技能课（必修）	汽车电控系统诊断实训	本实训项目对应“汽车电控系统诊断与修复”专业课程，具体要求： 1. 熟习工具及检测设备的规范使用方法与选用原则、5S 操作要求、保养设备的使用规程； 2. 能够进行起动、点火系统的诊断与修复； 3. 能够进行灯光信号系统的诊断与修复； 4. 能够进行仪表电气系统的故障诊断与修复； 5. 能够进行汽车维修业务接待模拟实训，并由教师评定实训成绩	周数/学时：1 周/24 学时 学期：第 4 学期 教学方法：理实一体化
	汽车综合性能检测生产实训	本实训项目对应“汽车使用性能与检测”专业课程，具体要求： 1. 检测站管理、检测规程； 2. 登录软件的使用； 3. 检测站安全生产和操作规程； 4. 检测设备的工作原理与使用、维护保养及调试； 5. 能够正确完成车辆的交接工作； 6. 能够正确使用登录软件，完成登录工作； 7. 能够遵守检测站管理、检测规程； 8. 会查找相关中英文技术资料； 9. 具备一定的技术数据分析的能力； 10. 能够安全生产和操作； 11. 能够进行检验前仪器及车辆的准备； 12. 能够严格遵守操作安全注意事项； 13. 能够按照操作规范要求，完成汽车综合性能的检测工作； 14. 能够进行各工位检测设备的日常维护和常见故障排除工作； 15. 能够进行各工位检测设备的自校准工作	周数/学时：1 周/24 学时 学期：第 4 学期 教学方法：理实一体化
毕业考核（必修）	专业综合测试等	提高学生综合运用所学的基础知识和专业知识的能力，培养其理论与实践相结合和解决实际问题的能力	周数/学时：3 周/72 学时 学期：第 5 学期 教学方法：集中考核

续上表

课程模块	项目名称	实践项目的主要内容与要求	建议的周数/学时、学期、教学方法
	毕业顶岗实习（必修）	深化与充实进口汽车专业知识，以及进行车辆维修操作、检测、生产管理和技术管理综合管理等多方面的综合训练，可根据工作需要和本人的技能参加顶岗劳动，每人掌握 2 ~ 4 个主要工位的操作技能，参与某个科室的生产技术管理工作，从而获得从事本专业实际工作的初步能力	周数/学时：20 周/480 学时 学期：第 5、6 学期 教学方法：校外实训

注：集中实践课/特色技能课，每周按 24 学时计算。

第二课堂项目分为科技活动、文化艺术、社会实践、其他项目四类；三年制要求修满 10 学分。

10. 考核标准

专业基础课、专业课程的考核标准。以真实或仿真的汽车维修任务为载体，由具备企业培训师资格、专兼结合的教学团队，协作承担“教、学、做”一体化教学，并按照模块评价要求，重点考核学生在咨询、决策、计划、实施、检查、评价整个过程中，是否具备了相应的能力，专业课程采取过程考核（任务考核）与期末考核相结合的方式，过程考核占 40%，期末考核占 60%。专业课程考核与评价标准，见表 2 – 13。

根据各门课程具体情况，过程考核权重可进行调整。

表 2 – 13　专业课程考核与评价标准

考核方式	过程考核（40 分）			期末考核（60 分）
	素质考核（10 分）	实操考核（15 分）	工作页考核（15 分）	
实施方法	教师评价 + 小组评价	教师评价 + 小组评价	教师评价	学校统考
考核方法	安全、纪律、协作精神	任务计划 4 分； 任务完成 4 分； 操作过程 4 分； 工具使用 3 分	预习内容 5 分； 过程记录 5 分； 分析 5 分	题型不少于以下 5 种：分数比例由命题教师自定，含填空题、单项选择题、多项选择题、判断题、名词解释、问答题、论述题等

整周实训课程考核与评价标准见表2－14。

表2－14　整周实训课程考核与评价标准

单位:%

考评项目	考评方法和说明	单项总分占比
学习态度	参与每次实训课程	15
知识熟习程度	答辩的时候对需求情况、设计问题的回答情况	15
操作熟练程度	动作准确、规范，在规定时间按要求完成工作任务	40
小组合作情况	团队合作、配合能力强	10
沟通能力	与小组相互交流和沟通	5
5S安全作业完成情况	能规范完成5S，并能严格遵守作业规程	15

顶岗实习考核标准见表2－15。

表2－15　顶岗实习考核标准

项目	顶岗实习日记（20分）	指导教师评价（20分）	企业阶段考核评价（40分）	顶岗实习总结（20分）
考核方法	教师评价＋小组评价	校内、外指导教师评价	企业人力资源部评价表	教师评价与答辩

11．毕业要求

学分要求：本专业毕业，必须取得第一课堂133.5学分，其中必修课113.5学分，选修课20学分；同时必须取得第二课堂10学分。

计算机能力要求：获得国家或广东省计算机等级考试（一级）证书。

外语能力要求：获取全国大学英语应用能力等级A级或B级及以上证书。

职业资格证书要求：参加相应的职业技能考核，至少考取一项与专业职业能力相对应的下列职业资格（技能）证书，见表2－16。

表2－16　汽车检测与维修技术专业职业资格证书一览表

序号	职业资格证书名称	颁证单位	等级	备注
1	高级工（汽车维修工）	广东省人力资源和社会保障厅	高级	必考2选1
2	中级工（汽车维修工）和汽车行业企业认证证书	广东省人力资源和社会保障厅行业企业颁发	中级＋行业证书	
3	1＋X证书	教育部	高级	
4	机动车驾驶证	地（市）公安局交通警察支队	C牌以上	选考
5	机动车检测维修士	人力资源和社会保障部	初级	选考

12. 教学安排

本专业的教学周历表、专业进程计划表。

13. 教学资源配置建议

校企合作，产教融合。具有多家稳固的校企合作企业和基地，能发挥企业技术与人才的优势，建立长期合作共建机制，企业兼职教师参与实施专业人才培养方案、课程改革、制定课程标准、授课等，共同开发实训项目与一体化课程教材。校企合作企业成为学生顶岗实习、就业的主要单位。

师资队伍。本专业师生比须满足教育部相关要求，其中至少有2名高级职称教师，2名以上骨干教师，若干名专业教师和兼职教师，在年龄结构、职称结构、学历结构、专兼职结构等方面形成合理的“双师型”教师队伍。专任教师“双师”资格（具备相关专业职业资格证书或企业经历）的比例应达85%，专兼职教师的比例应达到1：1。兼职教师主要承担兼职授课、毕业论文指导、顶岗实习等教学任务。

校内外实践教学条件。为达到人才培养目标的要求，取得较好的教学效果，实施人才培养方案时应该保证必要的实践教学条件，具备满足一体化教学及综合实训要求的校内实训室、校外实训基地。以真实或仿真的汽车维修任务为载体，并按照模块评价要求，重点考核学生在咨询、决策、计划、实施、检查、评价整个过程中，是否具备了相应的能力。

校内实训室应包括发动机（含汽油机、柴油机）模块实训室、底盘模块实训室、汽车电器、车身舒适与安全系统模块实训室、汽车综合故障诊断模块实训室，发动机、底盘、车身及电气系统台架和整车，以及配套的万用表、示波器、诊断仪等检测诊断工具和专用、通用工具等，一个标准班级所配备的设备见表2-17。按照企业氛围布置实训环境，按照企业管理方法组织教学，使学生的专业岗位能力、职业素养提升。建立稳定的校外实习基地，保证专业的生产性、毕业顶岗等实习教学任务的实施，见表2-18。

表2-17　校内实训条件配置表

实训室名称	面积/平方米	主要设备	实现功能
1. 发动机（含汽油机、柴油机）模块实训室；	200	汽油发动机总成拆装台架、汽油发动机电控台架、柴油发动机总成拆装台架、柴油发动机电控台架、拆装维修工具、诊断仪器、多媒体教学设备	发动机拆装、维修基础实训、汽车发动机检修、汽车综合运用与诊断（发动机部分）、汽车维修中、高级工培训

续上表

实训室名称	面积/平方米	主要设备	实现功能
2. 底盘模块实训；	400	自动变速器拆装台架、手动变速器拆装台架、车桥总成、转向系统总成、悬架系统总成、离合器总成、自动变速器电控台架、ABS系统台架、汽车电控转向系统电控台架、汽车悬架电控系统台架、拆装维修工具、诊断仪器、多媒体教学设备	底盘拆装、维修基础实训汽车底盘检修、汽车综合运用与诊断（底盘部分）、汽车维修中、高级工培训
3. 汽车电器、车身舒适与安全系统模块实训；	200	汽车电气元件总成（包括起动机、蓄电池、发电机、汽油泵、空调等）、汽车整车电路台架汽车制冷剂加注机、汽车空调台架、充电机、车身舒适系统台架、汽车灯光与信号系统台架、安全气囊台架、拆装维修工具、诊断仪器、多媒体教学设备	汽车电器系统检修、汽车空调系统检修、汽车车身舒适系统检修、汽车综合运用与诊断（电器部分）、汽车维修中、高级工培训
4. 汽车综合故障诊断模块实训；	200	汽车举升器、汽车整车、汽车维护保养手册、拆装维修工具、计算机诊断仪器、示波器、多媒体教学设备	维修基础实训、汽车维护、汽车综合运用与诊断（整车）、汽车维修中、高级工培训

表2－18　校外实训条件配置表

序号	基地名称	功能	数量	规模
1	品牌汽车营销4S店或维修厂	1. 汽车文化走访； 2. 顶岗实习； 3. 毕业设计	8家以上	每次/每单位接收5～10人
2	汽车检测站	1. 汽车综合性能检测生产性实训； 2. 顶岗实习； 3. 毕业设计	4家以上	每次/每单位接收2～5人
3	汽车零配件公司	1. 汽车零配件销售、管理实习； 2. 顶岗实习； 3. 毕业设计	2家以上	每次/每单位接收2～5人

（三）汽车营销与服务专业人才培养方案

1. 专业名称与代码

专业名称：汽车技术服务与营销

专业代码：580405

2. 学制与招生对象

学制：全日制三年

招生对象：高中毕业生

3. 专业培养目标

本专业培养学生德、智、体、美全面发展，掌握一定的专业理论知识，具有较强实践能力和良好的职业道德，面向汽车销售和技术服务企业生产第一线，具有与本专业对应岗位群所必需的基础理论知识和基本技能，能适应汽车销售服务、汽车保险理赔、机动车保险定损、汽车技术服、二手汽车鉴定与评估等 13 个工作领域的需要，是具有实际动手能力和创新精神的复合型高级技术技能人才。职业能力达到 3 ~4 级具有创新精神的技能型人才，同时拓展 5 ~6 级职业能力，具备可持续发展潜力。

4. 人才培养规格

（1）基础描述。

面向广东省内各汽车销售公司、汽车维修企业、保险公司、二手车市场、汽车租赁公司等企事业单位，从事汽车销售、汽车技术服务、二手汽车鉴定与评估、汽车市场营销策划、汽车保险理赔、机动车保险定损、汽车金融服务等岗位群，具备相应的职业能力，能够取得汽车维修中级工及以上职业资格证。

（2）岗位能力架构分析。

在调研和岗位任务分析的基础上，与行业合作，融入国家标准，结合宝马、丰田等汽车品牌培训要求，分析专业群对应的岗位、工作任务及能力，按任务的难易复杂程度对职业能力进行分级，设计包含知识、技能、能力要求的能力模块，以纵向能力级别递进、横向覆盖专业群所有工作领域为原则，构建了由 245 个模块组成的汽车类专业群职业能力模块库（参见 2006 年广东省高等教育高职高专教学改革工程重点项目“汽车类专业课程体系改革研究与实践”研究成果——汽车专业群职业能力模块库）。模块精确描述了知识、技能和能力要求，纵向能力划分为 1 ~5 级、横向覆盖了 12 个工作领域，全面、准确地反映了行业的职业能力要求。而模块库的能力要求描述更准确、能力横纵向发展路径更清晰，主动适应了行业需求，使课程构建基准更完善。

（3）专业面向的职业岗位。

根据汽车技术服务与营销专业人员从销售助理成长为销售顾问、销售主管、销售经理、企业高管、行业专家的职业岗位与职业能力的成长规律，将职业能力及相应岗位划分为 5 级，见表 2 - 19。

表 2－19　汽车营销、汽车保险与理赔、二手车鉴定评估职业岗位与职业能力对应表

职业能力	职业资格	汽车营销、汽车保险与理赔、二手车鉴定评估职业领域	
1 级	初级工	岗位	汽车销售顾问助理、汽车保险销售助理、二手车评估师助理、事故车辆查勘助理、事故车辆定损师助理、汽车经纪人助理、汽车金融助理、汽车精品销售助理、前台接待助理、汽车市场调查员助理等
		职业能力	具备一般汽车产品及保险销售能力、一般事故车辆查勘与定损能力等
2 级	中级工	岗位	汽车销售顾问、汽车保险销售顾问、二手车评估师、汽车估损师、汽车金融顾问、汽车精品销售顾问、汽车市场调查员、汽车经纪人前台接待员等
		职业能力	能够独立完成岗位工作、借助简单仪器设备和目测完成车辆评估和鉴定工作等
3 级	高级工	岗位	汽车销售顾问、汽车保险销售顾问、汽车金融顾问、汽车经纪人、高级二手车评估师、高级汽车估损师、事故车查勘组长、事故车核损师、重案查勘员、销售主管、内训师等
		职业能力	能够熟练完成岗位工作、熟练应对客户异议和具备市场预测能力；能够对复杂车型鉴定评估、具备重大保险事故案件查勘复核能力，以及具备较强的分析评估能力、技术支持和培训能力等
4 级	技师	岗位	销售主管、内训主管、技术主管、保险查勘外勤主管、保险理赔主管、二手车鉴定技术负责人、报告授权签字人等
		职业能力	具备市场营销与销售策划能力、团队管理和组织能力、较复杂车型评估和鉴定能力、复杂案件核损能力、重特大赔案谈判处理能力、培训课程开发与技术支持能力
5 级	高级技师	岗位	销售经理、销售总监、培训总监、企业（技术）经理、二手车评估事务所所长、汽车经纪公司经理、保险理赔经理、技术总监、总工等
		职业能力	具备区域市场开发与市场规划能力、疑难车型鉴定评估能力，以及行业和企业技术项目筹划、技术开发、组织管理能力等

本专业学生职业生涯发展示意如图 2－8 所示，职业岗位与职业能力发展关系见表 2－20。

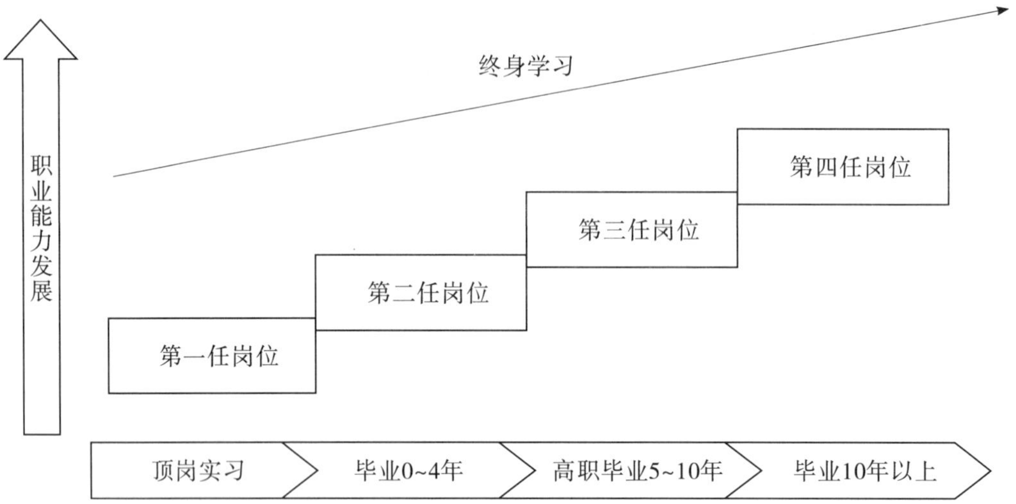

图 2-8　汽车技术服务与营销专业学生职业生涯发展示意图

表 2-20　职业岗位与职业能力发展关系对应表

岗位发展	第一任岗位群	第二任岗位群	第三任岗位群	第四任岗位群
职业岗位	汽车销售顾问、汽车保险销售顾问、二手车评估师、汽车估损师、汽车金融顾问、汽车精品销售顾问、汽车市场调查员、汽车经纪人前台接待员等	汽车销售顾问、汽车保险销售顾问、汽车金融顾问、汽车经纪人、高级二手车评估师、高级汽车估损师、事故车查勘组长、事故车核损师、重案查勘员、销售主管、内训师等	销售主管、内训主管、技术主管、保险查勘外勤主管、保险理赔主管、二手车鉴定技术负责人、报告授权签字人等	销售经理、销售总监、培训总监、企业（技术）经理、二手车评估事务所所长、汽车经纪公司经理、保险理赔经理、技术总监、总工等
对应职业能力等级	1~2 级	2~3 级	3~4 级	4~5 级

5. 知识、能力、素质要求

（1）知识要求。

掌握相当于大学专科的文化体育基础知识，包括思想政治、实用英语、应用数学、体育与健康、计算机应用及信息技术处理等。

熟练掌握本专业所必需的汽车平台知识，包括汽车零部件识图、汽车机械基础、电子技术与汽车电器、汽车发动机系统结构与检修、汽车底盘诊断与检修、汽车发动机电控系统诊断与检修、汽车车身及附属设备检修、汽车使用与维护等。

熟练本专业所必需的营销经济与管理平台知识，包括汽车营销学、商务礼仪、汽车保险原理及实务、沟通原理与技巧、汽车消费心理及行为、汽车市场经济法律法规、经济学基础与实务、应用文写作等。

为了适应汽车企业的订单式培养人才的要求，在教学进程的后期增设了限选课程汽车电子新技术、汽车商务策划、汽车售后服务管理、客户关系管理等。

（2）能力要求。

具有一定的政治思想基础、良好的思想品德、职业道德、法律知识和社交能力。

具有较强的沟通表达能力、应变能力、分析解决问题能力、与人合作能力、自我学习能力、信息处理能力。

具有基本汽车销售能力，取得中级汽车营销员上岗证书及驾驶证书。

具有一定市场调查预测能力及汽车市场营销策划能力。

具有对机动车保险理赔、道路交通事故分析与再现、机动车保险定损的能力。

具有二手车鉴定评估定价的能力。有汽车信贷、汽车理财服务和汽车保险营销策划的能力。

具有一定的分析和解决本专业技术问题的能力，尤其是汽车性能鉴定、检测、诊断、保养与技术管理方面的能力。

具有运用法律手段管理经济和保护企业合法权益的能力。

英语的听、说、读、写能力应达到全国高校英语应用能力（A 级、B 级）之一级水平，并且取得相关证书，借助工具书能熟练地阅读汽车说明书等技术资料。

具备操作计算机的能力、取得全国计算机等级（一级）证书。

（3）素质要求。

具有正确的世界观、人生观、价值观，热爱祖国、为人民服务的政治思想品质。

具有牢固的法治观念与守法意识，遵纪守法、诚实守信、弘扬正气的道德品质。

具有强烈的事业心、责任感，务实精神，严谨求实的学风。

具有强烈的竞争意识，坚忍不拔的毅力，顽强不屈的拼搏精神。

具有崇尚科学、善于学习、勇于钻研、开拓创新的良好风尚。

具有集体主义意识，良好的合作意识、人际关系、处世方式和协调能力。

具有健康的审美观，吃苦耐劳的精神，勤俭节约的作风。

具有良好的身体与心理素质，乐观向上的生活态度。

6．课程体系

（1）课程体系框架。

课程体系设计思路。通过对珠三角地区汽车服务市场的岗位设置、人才需求的调研分析，明确汽车技术服务与营销专业培养目标及面向的职业岗位（群）；同时，借鉴宝马、丰田企业培训的优点，参照其企业岗位工作任务和职业能力层级、横纵向架构关系等，构建汽车技术服务与营销专业职业能力模块库；依据“汽车营销员”等国家职业资格标准，围绕岗位能力要求，构建核心的课程体系，并制定专业课程标准，课程体系按文化素质平台、专业基本技能平台、专业综合技能平台、专业特色技能平台等设计。本专业的课程体系的设计思路如图 2 –9 所示。

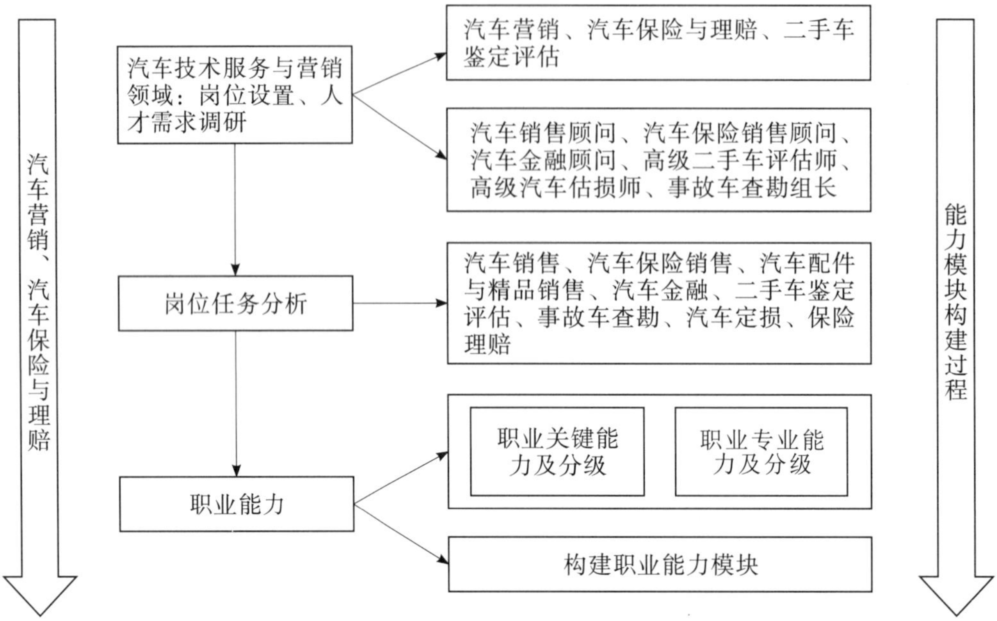

图 2 –9　汽车技术服务与营销专业课程体系的设计思路

（2）职业能力分解与课程体系构建。

借鉴英国、德国、中国香港等教学标准及宝马、丰田等企业员工培训标准，根据汽车技术服务与营销专业人员从销售助理成长为销售顾问、销售主管、销售经理、企业高管、行业专家的职业岗位与职业能力的成长规律，将职业能力及相应岗位划分为 5 级，形成汽车专业 5 级职业能力体系和对应的职业能力单元模块库。基于专业群职业能力模块库，定位人才培养目标和能力培养路径，选择相应模块，将模块中的知识、技能、能力要求转化为教学目标，以纵向分级提升专业汽车营销、汽车保险理赔、二手车鉴定评估等主要工作领域能力为主，横向拓展相关领域能力为辅，构建了汽车专业能力分级课程体系，形成了“基本、综合、专项能力”课程平台。基于工作过程导向开发课程，使课程符合职业能力发展规律。基本能力平台课程培养学生 1 ~2 级职业能力，使学生具有扎实的专业基本知识、技能和能力。综合能力平台课程培养学生 2 ~3 级职业能力，使学生具有综合应用能力。专项能力平台课程拓展学生 3 级以上职业能力，使其具备可持续发展能力。汽车技术服务与营销专业课程体系课程构成如图 2 –10 所示。

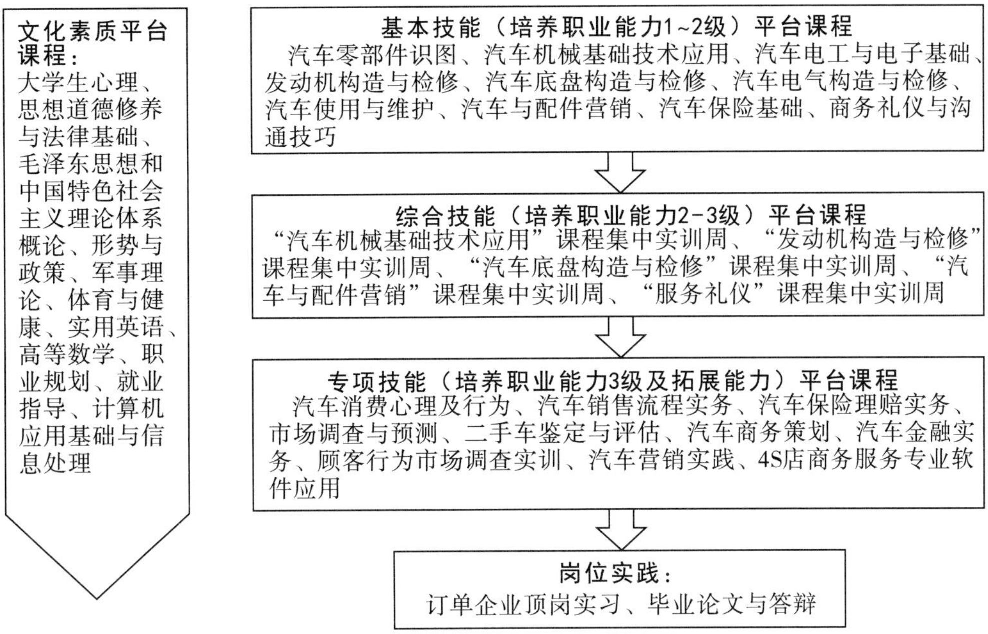

图 2－10　汽车技术服务与营销专业课程体系课程构成

四类专业课程。工作导向任务课程以真实生产任务的完成模式进行教学设计，重点培养学生的生产技能，达到 1 ~ 2 级职业能力。工作导向项目课程属于前、中期课程，学生的知识和技能还处于积累阶段，以能力目标为依据，融合知识和技能设计项目任务，培养学生 2 ~ 3 级职业能力。工作导向系统化课程属于中、后期课程，学生的知识和技能积累已较为全面，根据实际复杂的生产任务、工作过程设计学习情境，将“工作过程”与“学习过程”融为一体，培养学生 3 ~ 4 级职业能力。拓展性学科课程为学生提供拓展性的专业理论知识，促进其职业能力向更高层次发展。课程的属性与特点见表 2－21。

表 2－21　课程的属性与特点

课程类型	课程名称	开设学期	特点
工作导向项目课程	汽车零部件识图、汽车机械基础技术应用、汽车电工与电子基础、发动机构造与检修、汽车底盘构造与检修、汽车电气构造与检修、汽车使用与维护、汽车与配件营销、汽车保险基础、商务礼仪与沟通技巧	1 ~ 4 学期	属于前、中期课程，学生的知识和技能还处于积累阶段，以学习情境为单元设计项目任务。培养 1 ~ 3 级职业能力，对应中级工职业资格技能要求

续上表

课程类型	课程名称	开设学期	特点
工作导向任务课程	“汽车使用与维护”课程集中实训周、“汽车机械基础技术应用”课程集中实训周、“发动机构造与修复”课程集中实训周、“汽车底盘诊断与修复”课程集中实训周、“汽车与配件营销”课程集中实训周、“服务礼仪”课程集中实训周	1 ~ 3 学期	与简单的生产任务对应，重点培养学生的操作技能。培养 1 ~ 2 级职业能力。对应初级工、中级工职业资格技能要求
工作导向系统化课程	汽车消费心理及行为、汽车销售流程实务、汽车保险理赔实务、市场调查与预测、二手车鉴定与评估、汽车商务策划、汽车金融实务、顾客行为市场调查实训、汽车营销实践、4S 店商务服务专业软件应用	3 ~ 4 学期	属于中、后期课程，学生的知识和技能积累已较为全面，可以以实际复杂的生产任务设计学习情境。培养 3 ~ 4 级职业能力。对应高级工、技师职业资格技能要求
拓展性学科课程	高等数学（工程数学）、汽车新技术、新能源汽车技术概论	1 ~ 5 学期	其他几类课程同步开设，为学生提供一些拓展性的专业理论知识，培养学生的思维能力

文化素质平台课按照国家教育主管部门的规定要求，以作为社会存在的个体必须掌握和具备的社会共同知识和素质为标准开设；专业基本技能平台构成汽车专业的专业核心技能；专业综合技能平台构成汽车销售、保险、技术服务的专业核心技能；专业特色技能平台构成汽车客户关系维护、汽车查勘、定损与评估核心技能。学生专业知识、技能、职业能力和素质的形成是一条平台化、进阶式的路线，围绕培养专业核心技能，培养具备汽车服务市场所需的职业能力和创新能力的应用型高级技术技能人才。

同时，还开设“头脑风暴”“创新思维与创新技法”“创业管理”“大学生成功素质训练”“人物赏析”“朋辈心理学”“大学书法”“应用文写作”“社交礼仪”“推销与谈判”“公共危机分析与野外避险”等公共选修课，学生可自主报名选修，至少选修 4 个学分。通过公共选修课开阔学生的视野，提高学生的综合素养，培养学生的关键能力和创新意识、创新思维。

（3）课程（含实训）设置。

本专业课程体系由公共课程（公共基础课模块、通识课与公共选修课模块）、基本技能课、综合技能课、特色技能课、第二课堂五部分构成。

公共基础课中，大学体育实行分模块教学，大学英语实行分类分级教学，大学数学实行分类分模块教学，计算机应用基础实行分类教学。公共基础课模块的各门课程的名称、主要内容、建议学时、教学要求、教学方法等，见表2-22。

表2-22　公共基础课设置

课程模块	课程名称	主要内容（含实践项目）与教学要求	建议的学时、学期、教学方法
公共基础课模块（必修）	思想道德修养与法律基础（一）、（二）	主要内容：略。 教学要求：略	学时：62 学期：第1、2学期 教学方法：略
	毛泽东思想和中国特色社会主义概论（一）、（二）	主要内容：略。 教学要求：略	学时：68 学期：第3、4学期 教学方法：略
	形势与政策	主要内容：略。 教学要求：略	学时：15 学期：第1学期15学时，第2~4学期每学期开设3次讲座 教学方法：略
	大学体育（一）、（二）	主要内容： 田径、体操、球类、游泳、拳击、休闲体育的基本知识、技术技能以及生理卫生的一般知识；突出实用性，融入与行业职业相关的知识和体能，兼顾学生的职业发展。 教学要求： 使学生掌握一定的体育知识和技术技能，具有一定的竞赛、娱乐、锻炼身体的能力，平时能借助体育技术、技能，在日常活动中进行身体素质锻炼，达到国家体质健康标准；在增强学生体质、促进健康的同时，使得学生具有终身体育意识，培养学生良好的心理素质，树立正确的审美观	学时：66 学期：第1学期30学时，第2学期32学时 教学方法：讲授法、互动直观教学法、练习法、教学比赛法

续上表

课程模块	课程名称	主要内容 （含实践项目）与教学要求	建议的学时、学期、 教学方法
公共基础课模块（必修）	大学英语（一）、（二）	主要内容： 教学内容与英语应用所涉及的职业生活、日常生活和大学生活紧密关联，以提高学生英语综合应用能力为目的，强调学生听、说、读、写、译等能力的培养，突出实用性，融入与学生专业相关的职场英语知识，兼顾学生的职业发展。 教学要求： 使学生掌握一定的英语知识和技能。具有一定的听、说、读、写、译的能力，从而能借助词典阅读和翻译有关英语业务资料，在涉外交际的日常活动和业务活动中进行简单的口头和书面交流，并为今后进一步提高英语的交际能力和利用英语学习本专业相关知识打下基础	学时：132 学期：第 1 学期 60 学时，第 2 学期 64 学时 教学方法：交互式教学法、交际教学法、任务式教学法、角色扮演法、练习法、文化比较教学法等
	大学数学（一）、（二）	大学数学（一） 主要内容： 函数、极限与连续；导数与微分、导数与微分的应用；不定积分、定积分及应用。 教学要求： 了解微积分学的基本概念，掌握微积分的基本理论，学会微积分的基本运算技能，具有抽象思维能力、逻辑推理能力、运算能力和自学能力，在培养学生的数学应用意识、分析和解决实际问题的能力以及创新精神等方面发挥重要作用，为其售后的可持续发展奠定基础。 大学数学（二） 主要内容： 常微分方程、行列式与矩阵、拉普拉斯变换。 教学要求： 通过学习常微分方程、行列式与矩阵、拉普拉斯变换等知识，为后续课程及今后从事专业技术工作提供必要的数学基础知识	大学数学（一） 学时：60 学期：第 1 学期 教学方法：讲授法、讨论法、直观教学法等 大学数学（二） 学时：32 学期：第 2 学期 教学方法：讲授法、讨论法、直观教学法等

续上表

课程模块	课程名称	主要内容（含实践项目）与教学要求	建议的学时、学期、教学方法
公共基础课模块（必修）	计算机应用基础	主要内容： 计算机科学与技术的基本知识和发展；Windows 操作系统的基本使用；Office 办公软件中 Word、Excel、PowerPoint 的基本使用；互联网应用的实用技能。 教学要求： 了解信息技术的发展，理解信息技术的常用术语和基本概念；熟练使用 Windows 操作平台；熟练掌握 Office 的 Word、Excel、PowerPoint等主要软件使用；具有网络相关的基础知识，学会通过网络获取信息、分析信息、利用信息以及进行信息交流；建立实践意识、合作意识及创新意识；培养学生遵守信息化社会中的相关法律和道德规范	学时：45 学期：第 2 学期 教学方法：针对真实工作工作任务和教学要求，设计教学项目；项目教学、任务驱动、“教、学、做”一体化
	创新创业基础	略	学时：15 学期：第 1 学期 教学方法：略
	大学生心理健康	略	学时：15 学期：第 1 学期 教学方法：略
	就业指导	略	学时：15 学期：第 4 学期 教学方法：略

通识课与公共选修课。通识课分为人文社科、自然科学与工程技术、交通行业、创新创业 4 类课程，公共选修课分为兴趣特长、专业能力拓展 2 类课程。通识课、公共选修课一般采用 18 学时 1 学分、28 学时 1.5 学分两种形式。

学生可在第 2 ~ 第 5 学期选修，三年制要求修满 8 学分，其中通识课不少于 6 学分。本专业至少选交通行业类课程 1 学分、创新创业类课程 1 学分、人文社科类课程 2 学分。

学校开设的通识课、公共选修课包括课程名称、内容、参考学时、教学要求、教学方法。具体课程按照教务处每学期下发的通识课、公共选修课进行。通识课与公共选修课主要教学环节见表 2－23。

表 2－23　通识课与公共选修课主要教学环节

课程名称	主要教学内容与要求	考核项目与要求	课时	任课教师
1. 汽车零部件识图	正投影的基本原理，图示方法和国家制图标准；尺寸公差、形位公差、表面粗糙度等知识	能正确、熟练地阅读中等复杂程度的零件图和装配图；绘制简单机械装配图	总课时数：56；配套的综合实训项目：2 周金工实训	校内
2. 汽车机械基础技术应用	热处理及常用表面处理简介；汽车常用有色金属及非金属材料的性能及使用；机械零件常用加工方法的基本理论和工艺；工程力学基础理论，杆件强度，刚度和稳定性的基本理论，常用机械的工作原理运动分析；机械零件的结构、标准、强度校核的基本知识	掌握有色金属与合金非金属材料在本专业的应用；了解零件常用加工方法的工艺特点和所用设备；掌握工程力学的基本定律及运用，具备对汽车和常用维修机具进行受力分析的能力；掌握常用机械零件的结构设计，能够进行零件强度和刚度的分析与计算；具有运用工具书进行简单机械设计的能力；能正确使用有关国家标准的图表	总课时数：89；课程教学：45；课内实训：48	校内
3. 汽车电工与电子基础	直流与交流电路基本知识、直流与交流电动机基本知识、直流与交流发电机基本知识；晶体二极管和整流电路基本知识与运用、晶体管放大电路基本知识与运用；正弦波振荡电路知识与运用；集成电路放大器基本知识；稳压和调压电路基本知识脉冲数字电路基本原理；单片机结构原理、MCS－51 指令系统、存储器与存储器扩展、中断与定时、单片机 I/O 扩展及应用、串行数据通信、数/模及模/数转换器等有关内容；汽车常见信号采集及控制技术；	掌握交直流电动机和交直流发电机的工作原理、整流电路的基本原理、晶体管放大电路的工作原理；了解集成电路、脉冲数字电路的基本原理；能够使用 MCS－51 汇编语言对简单应用实例进行编程；掌握汽车电器各系统的正确使用、维修、检测调试的方法，整车电路的连接；对汽车电器系统的故障进行诊断与检修；能用实验检测设备对主要电气元件进行检测、调试、检	总课时数：55；课程教学：24；课内实训：24	校内

续上表

课程名称	主要教学内容与要求	考核项目与要求	课时	任课教师
3. 汽车电工与电子基础	汽车电器设备的结构、工作原理、使用、电路连接及常见故障的诊断与排除，各主要电气元件的检测、调试、维修；汽车空调的组成、结构、工作原理、使用、维修、检测、常见故障诊断及检修；汽车发动机、底盘、车身等部分的电子控制技术	修；熟悉常见的汽车电器电路图和电子控制电路图并对其进行分析		
4. 汽车发动机构造与检修	发动机原理、结构和工作原理，发动机的使用、维修、检测、调试、故障诊断与排除等。其中，发动机原理讲授发动机循环、主要工作过程、性能指标及特性	掌握发动机工作过程及影响因素、主要特性；掌握发动机的正确使用、维修、检测、调试的方法；具有分析、判断和排除常见故障的能力；能够进行检修设备的使用、维护、保养	总课时数：64；实行理论一体化教学	校内
5. 汽车底盘构造与检修	汽车理论；底盘各总成的结构和工作原理；底盘的使用、维修、检测、调试、故障诊断与排除等	掌握底盘的构造与工作原理；掌握汽车底盘的正确使用、维修、检测、调试的方法，具有分析、判断和排除常见故障的能力；能够进行检修设备的使用、维护、保养	总课时数：64；实行理论一体化教学	校内
6. 汽车电气构造与检修	车身附属电器电控设备的结构和工作原理；车身附属设备的使用、维修、检测、调试、故障诊断与排除等；劳动保护与保护环境	考核项目： 1. 汽车附属设备一、二级维护； 2. 附属设备典型故障诊断与排除	总课时数：48；实行理论一体化教学	校内

续上表

课程名称	主要教学内容与要求	考核项目与要求	课时	任课教师
7. 汽车与配件营销	汽车市场营销观念、消费者及其需求、组织市场及其购买行为、市场营销环境、市场需求测量、市场营销战略、市场营销策略、营销控制与国际市场营销的基本技能、理论和方法	结合案例和实例全面而系统地理解市场营销原理及实务的理念和观念；认识当前已有成型的实现课程理念的手段和方法	总课时数：48； 配套实训项目：1周汽车营销实训	校内
8. 汽车消费心理及行为	汽车市场消费者在消费过程中的心理过程和个性心理的基本知识	结合案例和实例理解消费者在消费过程中的心理过程和个性心理的基本知识	总课时数：51； 其中实训或现场教学课时：23	校内
9. 商务礼仪与沟通技巧	商务礼仪基本知识、通用礼仪、公务和生活礼仪、商业和服务礼仪、社会风俗、沟通技巧与方法	结合案例和实例理解基本机制	总课时数：40； 其中实训与理论一体化教学课时：45； 配套的综合实训项目：礼仪、沟通实训（1周）	校内
10. 汽车保险基础	汽车保险原则、汽车保险的运行原理、汽车条款的认识与解读、汽车消费贷款与分期付款的保险、汽车保险情况	重点运用基本理论联系实际分析案例	总课时数：48； 其中实训或现场教学课时：13	校内
11. 市场调查与预测	抽样设计、问卷设计、市场调查数据的收集方法、资料的处理和市场预测	结合案例和实例理解基本机制	总课时数：32； 配套实训周：顾客行为市场调查（2周）	校内
12. 汽车市场经济法律法规及应用	汽车市场经济法律的基础理论知识，经济法规主体知识，市场规制法的知识，宏观调控法知识，劳动和社会保障法知识	结合案例和实例理解汽车市场经济法规原理及实务	总课时数：45； 其中实训或现场教学课时：10	校内

续上表

课程名称	主要教学内容与要求	考核项目与要求	课时	任课教师
13. 汽车销售流程实务	让学生掌握标准销售流程的几大步骤，及其相应的各个关键时刻；通过反复演练，养成标准的销售行为规范，熟练基本的销售语术；使学生们达到一名一线销售人员的基本要求	要求学生能熟练掌握一款车型知识及标准销售业务流程	总课时数：48；其中实训或一体化现场教学课时：32	校内
14. 汽车保险理赔实务	汽车保险展业与市场营销、汽车保险查勘和定损的流程与方法、事故车辆的维修方法与工艺、汽车保险理赔与核赔等知识	结合案例和实例采用“教、学、做”一体化教学方法开展教学，要求学生能够按照汽车保险公司的相关作业要求完成作业任务	总课时：48；其中现场教学课时：28	校内
15. 二手车鉴定与评估	讲授二手汽车鉴定与评估方法；要求掌握二手汽车鉴定与评估方法	能对二手车进行评估	总课时：48；其中现场教学课时：18	校内
16. 汽车机械维修基本技能实训	了解钳工作业范围；熟练掌握锯割、錾削、锉削的操作方法；掌握画线、钻孔、铰孔、攻螺纹和刮研等的操作要领；能制定简单零件的钳工工艺过程，并掌握正确使用钳工常用工具、量具和机具设备的操作方法；能够用钳工作业加工简单零件	获得钳工工艺的基本知识和操作技能，为学习有关课程和考取汽车维修技术等级证打下必要的基础	综合实训项目：2周	校内
17. 服务礼仪实训	根据商务礼仪的教学内容，开展理实一体教学	结合学院实际资源，开展“教、学、做”营销礼仪综合实训	综合实训项目：1周	校内

续上表

课程名称	主要教学内容与要求	考核项目与要求	课时	任课教师
18. 顾客行为市场调查	结合“市场调查与预测”课程教学，安排校内进行市场调查实习	针对本班学生在一个学期内的个人消费费用的支出情况累计，分析大学生个人消费的特点以及为企业提供有价值的信息	综合实训项目：2周	校内
19. 汽车营销实践	要求学生走访经销店，解决教师提出的问题	锻炼学生计划组织能力和团队合作精神；通过走访，了解经销店真实销售情况	1周	校内
20. 毕业论文与答辩	在毕业实习后，根据教师拟定的题目在教师的指导下，由学生结合自己的工作实际选题、收集资料、进行专题研究、写出毕业论文。论文完成后，进行论文答辩和成绩考核	通过毕业论文与答辩巩固和发展理论教学和实践的成果，培养学生综合运用所学的知识技能、独立分析和解决问题的实际能力	综合实训项目：6周	校内
21. 毕业生产定岗实习	毕业实习的主要内容为汽车、机械营销计划、计划统计、仓储、供销业务、材料核算等综合业务实习；通过实习，要求学生进一步巩固和掌握汽车、机械营销与管理的专业知识，培养和提高从事汽车、机械营销与管理工作的实际能力	毕业实习是即将毕业的汽车技术服务与营销专业学生在理论与实践教学环节完成之后的综合性能训练，目的在于培养学生综合运用所学的知识、独立分析和解决问题的能力	综合实训项目：15周	校内

7. 考核与评价标准

课程实施过程性考核，专业课程采取过程考核（任务考核）与期末考核相结合的方式，过程考核占40%，期末考核占60%。专业课程考核与评价标准见表2－24。根据各门课程具体情况，过程考核权重可进行调整。

表 2－24　专业课程考核与评价标准

考核方式	过程考核（40 分）			期末考核（60 分）
	素质考核（10 分）	实操考核（15 分）	工作页考核（15 分）	
实施方法	教师评价＋小组评价	教师评价＋小组评价	教师评价	教考分离、教务处统一组织
考核方法	安全、纪律、协作精神	任务计划 4 分； 任务完成 4 分； 操作过程 4 分； 工具使用 3 分	预习内容 5 分； 过程记录 5 分； 分　析 5 分	题型不少于以下 5 种，分数比例由命题教师自定，含填空题、单项选择题、多项选择题、判断题、名词解释、问答题、论述题等

顶岗实习考核标准见表 2－25。

表 2－25　顶岗实习考核标准

项目	顶岗实习日记（20 分）	指导教师评价（20 分）	企业阶段考核评价（40 分）	顶岗实习总结（20 分）
考核方法	教师评价＋小组评价	企业指导教师评价	企业人力资源部评价表	教师评价与答辩

毕业论文与答辩考核标准见表 2－26。

表 2－26　毕业论文与答辩考核标准

项目	论文质量（60 分）					答辩（40 分）	
权重	论文版面、格式（10 分）	论文的适用性或先进性（10 分）	技术知识论点论据(10 分)	数据、图标、文章条理性（10 分）	自我陈述(10 分)	知识掌握(15 分)	综合分析能力（15 分）
考核方法	指导教师评价＋答辩小组评价	指导教师评价＋答辩小组评价	指导教师评价＋答辩小组评价	指导教师评价＋答辩小组评价	指导教师评价＋答辩小组评价	指导教师评价＋答辩小组评价	指导教师评价＋答辩小组评价

8. 毕业要求

（1）学分要求。

本专业执行学分制，学生必须取得的最低学分为125学分（125～135学分），其中必修课123学分，选修课12学分（专业限选课8学分，公共选修课4学分）。

（2）计算机能力要求。

获得国家教育部、劳动部或省教育厅组织的全国计算机等级考试（或信息高新技术、高校计算机水平考试）证书。

（3）外语能力要求。

参加全国大学英语应用能力等级考试并获得相应等级证书。

（4）职业资格证书要求。

职业资格证书要求见表2－27。

表2－27　职业资格证书要求

序号	职业资格证书名称	颁证单位	等级	备注
1	高级工（汽车销售/汽车技术鉴定）	广东省人力资源和社会保障厅	高级	必考2选1
	中级工（汽车销售/汽车技术鉴定）和汽车行业企业认证证书	广东省人力资源和社会保障厅行业企业颁发（或企业行业协会）	中级工证书＋行业企业证书	
2	机动车驾驶证	地（市）公安局交通警察支队	C牌以上	选考
3	广东省机动车检验员证	广东省质量技术监督局	中级以上	选考

9. 教学安排

本专业的教学周历表、专业进程计划表由学校自行编制。

10. 实施建议

（1）校企合作。

具有多家稳固的校企合作企业，能发挥企业技术与人才的优势，建立长期合作共建机制，企业兼职教师参与实施专业人才培养方案、课程改革、制定课程标准、授课等，共同开发实训项目与一体化课程教材。校企合作企业成为学生顶岗实习、就业的主要单位。

（2）师资队伍。

本专业师生比须满足教育部相关要求，其中至少有2名高级职称教师，2名以上骨干教师，若干名专业教师和兼职教师，在年龄结构、职称结构、学历结构、专兼职结构等方面形成合理的“双师型”教师队伍。专任教师“双师”资格（具备相关专业职业资格证书或企业经历）的比例应达到85%，专兼职教师比例应达到1∶1。兼职教师主要承担兼职授课、毕业论文指导、顶岗实习等教学任务。

（3）校内、外实训条件。

为达到人才培养目标的要求，取得较好的教学效果，实施人才培养方案时应该保证必要的实践教学条件，具备满足一体化教学及综合实训要求的校内实训室、校外实训基地。

校内实训室应包括发动机（含汽油机、柴油机）模块实训室、底盘模块实训室、汽车电器、车身舒适与安全系统模块实训室，发动机、底盘、车身及电气系统台架和整车，以及配套的万用表、示波器、诊断仪等检测诊断工具和专用、通用工具等。按照企业氛围布置实训环境，按照企业管理方法组织教学，使学生的专业岗位能力、职业素养及方法能力得以提升。

（4）课程教学。

课堂教学要尽量利用教具、各种实物、多媒体课件、录像等手段进行直观教学。根据不同课程类型及特点，分别采用项目教学、行为导向教学法，激发学生的学习主动性，培养关键能力；理论知识点采用课堂教学结合小组讨论教学模式和方法；原理、操作技能采用视频教学和分组现场操作一体化的教学模式；专业核心课程尽可能采用“教、学、做”三位一体教学法，“教”与“学”互动，教师引导，学生操作，学生提问，教师解答、指导，充分调动学生学习的主动性和积极性。

根据教学内容，结合汽车专业设备安排适当的现场教学，以汽车典型结构或传动机构为载体，使学生掌握相关的汽车知识，提高学生的学习能力、观察分析能力、安全意识等。

（5）课程考核。

改革传统的人才培养质量评价方法，对一些课程除笔试外，还可以采取口试、答辩和现场测试、操作等多种考试形式，着重考核学生综合运用所学知识，解决实际问题的能力。

专业基本技能平台课程考评重点考查学生掌握基础知识的情况和对知识的理解能力。学生成绩评定中过程考核占40%，终结性考核占60%。

专业综合技能平台课程考评要理论笔试与技能实践考核并重，重点考查学生掌握专业基础知识情况和对专业基础知识的理解能力。学生成绩评定中过程考核占40%，终结性考核占60%。

专项特色技能平台考评侧重专业技能与实践能力的培养，以实践教学为主，理论教学为辅。重点考查学生掌握知识面的宽度和具备的综合素质情况。学生成绩评定中过程考核占60%，终结性考核占40%。

校内生产性实训项目考评以综合职业技能为主线，建立开放式，全程化的考核体系。岗位考核以学生自评、小组考评、教师考评相结合，实行全程化的岗位作业考评。校内生产性实训项目学生成绩评定中，每个岗位作业过程学生考勤占10%，学生自评、小组考评、教师考评各占30%，综合评出成绩。

通过上述课程考核，促进学生个性与能力的全面发展，全面评价学生的专业能力、方法能力和社会能力，确保毕业生质量。

（6）教学资源。

教学过程中应充分利用国家、地方及本校的校本教材、自编讲义、优质核心课程、网络课程教学平台和共享型教学资源库，为学生提供良好的网络学习环境。

（7）综合素质培养。

以人文素质教育活动、专业实践活动、专业技能竞赛等各类活动为载体，依托专业资源，开展行业、企业专家讲座，聘请专业教师进行指导，可组织开展汽车知识竞赛、创业大赛等丰富多样的专业竞赛活动。学生通过策划活动、交流技术、比拼技能，感受专业文化的渲染，提升专业技能和综合素质，树立自信心。

（四）新能源汽车技术专业人才培养方案

1. 专业名称与代码

专业名称：新能源汽车技术

专业代码：560707

2. 入学要求

入学要求一般为高中阶段教育毕业生或具有同等学力者，具体包括：

（1）全日制普通中学高中毕业生；

（2）职业中学、中专、技校毕业生；

（3）退役军人、下岗职工、农民工和新型职业农民等；

（4）符合我校单独招生政策的其他人员。

3. 修业年限

基本学制为三年，实行弹性学制，学生总修业时间（不含休学）不得超过6年。

4. 职业面向

本专业职业面向分析见表2－28。

表2－28　三年制新能源汽车技术专业职业面向分析表

所属专业大类（专业类）	所属专业大类（专业类）代码	对应行业	主要职业类别	主要岗位类别（或技术领域）	职业技能等级证书、社会认可度高的行业企业（人才）标准或证书举例
汽车制造类	5607	汽车售后服务	汽车维修工与接待	1. 新能源汽车维护保养； 2. 新能源汽车故障诊断与维修； 3. 新能源汽车售后接待	1. 智能新能源汽车职业技能等级证书； 2. 智能网联汽车检测与运维职业技能等级证书； 3. 电工职业资格证书； 4. 汽车运用与维修职业技能等级证书

续上表

所属专业大类（专业类）	所属专业大类（专业类）代码	对应行业	主要职业类别	主要岗位类别（或技术领域）	职业技能等级证书、社会认可度高的行业企业（人才）标准或证书举例
汽车制造类	5607	汽车检测	新能源汽车性能测试员	1. 新能源汽车性能检测； 2. 新能源汽车质量检测	1. 汽车质检员职业资格证书； 2. 电工职业资格证书； 3. 智能新能源汽车职业技能等级证书
		汽车装配	新能源汽车组装与测试员	1. 新能源汽车装配； 2. 新能源汽车测试	1. 智能新能源汽车职业技能等级证书； 2. 汽车主机厂认证证书
市场销售类	6307	汽车营销	汽车营销与技术服务	1. 汽车新车销售； 2. 二手汽车零售； 3. 汽车零配件销售； 4. 保险理赔	1. 二手车评估师； 2. 智能新能源汽车职业技能等级证书； 3. 汽车主机厂认证证书

鼓励学生取得行业企业认可度高的智能新能源汽车职业技能等级（中、高级）证书，并实现学历证书相应学分和职业技能等级证书之间的相互认定与转换，促进学历证书与职业技能等级证书互通。

5. 培养目标与培养规格

（1）培养目标。

本专业培养学生思想政治坚定、德技并修、全面发展，适应新能源汽车生产、售后技术服务和管理企事业单位需要，具有良好职业道德和人文素质，掌握新能源汽车理论知识，熟练运用现代设备对新能源汽车进行装配与调试、维护与检修、故障诊断与维修的知识和能力；培养面向新能源汽车销售市场、整车的装调与检测、维护与检修、技术支持及外围配套（充电桩/站）的安装与维护等岗位工作领域，具备“一技之长＋综合素质”，有较强工匠精神和创新创业意识与能力，主动适应产业转型升级和企业技术创新需要的高素质劳动者和技术技能人才。

（2）培养规格。

综合素质

思想政治素质：树立正确的世界观、人生观、价值观，拥护中国共产党的领导，拥护社会主义制度，热爱祖国，热爱中华民族，具有中国特色社会主义道路自信、理论自信、制度自信、文化自信，积极践行社会主义核心价值观。

职业素质：具有良好的职业态度和职业道德修养，具有正确的择业观和创业观；坚持职业操守，爱岗敬业、诚实守信、办事公道、服务群众、奉献社会；具备从事职业活动所必需的基本能力和管理素质；脚踏实地、严谨求实、勇于创新。

人文素养与科学素质：具有融合传统文化精华、当代中西文化潮流的宽阔视野；文理交融的科学思维能力和科学精神；具有健康、高雅、勤勉的生活工作情趣；具有适应社会核心价值体系的审美立场和方法能力；奠定个性鲜明、善于合作的个人成长成才的素质基础。

身心素质：具有一定的体育运动和生理卫生知识，养成良好的锻炼身体、讲究卫生的习惯，掌握一定的运动技能，达到国家规定的体育健康标准；具有坚韧不拔的毅力、积极乐观的态度、良好的人际关系、健全的人格品质。

创新创业素质：关心本专业领域的发展动态，具有服务他人、服务社会的情怀；积极参与，乐于分享，敢于担当，具有良好的沟通能力与领导力；掌握创新思维基本技法，具有良好的分析能力、主动解决问题的意识与建构策略方案的能力；思维活跃、行动积极，具有自我成就意识。

专业知识

公共基础知识：思想政治理论，科学文化基础，中华民族优秀文化等。

专业基础知识：汽车概念及作用，新能源汽车概念，新能源汽车电气系统构造与检修，新能源汽车电力电子技术，新能源汽车动力电路基础，汽车理论及力学分析，汽车材料，汽车性能及衡量指标，汽车使用，汽车机械基础，汽车电路基础，汽车电工电子基础，汽车英语等；专业的相关法律法规、环境保护与安全消防常识。

专业知识：动力电池及管理系统诊断与维修，整车控制系统诊断与维修，新能源汽车电机及控制系统诊断与维修，汽车使用性能与检测，汽车及主要总成部件/系统构造，汽车及主要总成部件工作过程及原理，汽车营销理论，汽车销售流程、话术及技巧，汽车保险，汽车定损与理赔。

能力

能力包括通用能力和专业技术技能等。

通用能力：良好语言、文字表达能力和沟通能力，分析问题及解决问题的能力，探究学习及终身学习能力，信息技术应用及维护能力，独立思考、逻辑推理、信息提炼加工能力等。

专业技术技能：能识读电气布线图、机械零件图和装配图，并熟练使用工、量具，操作常用检测、维修设备；能进行新能源汽车维护作业，掌握新能源汽车主要总成装配、检验与调试方法；能熟练进行新能源汽车驱动电机、底盘机械系统、电控系统、汽车电气系统、总线系统的检测与修复；具有汽车综合故障诊断能力和汽车修竣后的检验能力；能进行汽车故障诊断、系统分析、检排技能；具有制定维修方案，排除汽车综合故障的能力；具备使用与维护新能源汽车电池、电机及电控系统故障诊断能力；具有汽车维修企业技术管理能力、汽车销售企业营销策略，以及机动车、鉴定、评估、保险、理赔的基本能力。

6. 课程设置

课程主要包括基本素质课和专业能力课。基本素质课分为基本素质必修课和基本素质选修课；专业能力课分为专业能力必修课和专业能力选修课。

(1) 基本素质课。

基本素质必修课是学生应学习的有关基础理论、基本知识和基本素养课程。本专业开设的基本素质必修课见表 2－29。

表 2－29　三年制新能源汽车专业开设的基本素质必修课

序号	课程名称	学分	学时	课程目标	主要内容	备注
1	思想道德修养与法律基础	3	54	针对大学生开展马克思主义的世界观、人生观、价值观教育，使学生成长为自觉担当民族复兴大任的时代新人	人生的青春之问；坚定理想信念、弘扬中国精神、践行社会主义核心价值观；明大德守公德严私德、尊法学法守法用法	*
2	毛泽东思想和中国特色社会主义理论体系概论	4	72	掌握毛泽东思想和中国特色社会主义理论体系的基本原理，提高学生分析问题的能力，成为中国特色社会主义合格建设者和可靠接班人	新民主主义革命理论、社会主义改造理论、社会主义建设道路初步探索的理论成果；邓小平理论；“三个代表”重要思想；科学发展观；习近平新时代中国特色社会主义思想	*
3	形势与政策	1	64	了解国内外重大时事，全面认识和正确理解党的基本路线、重大方针和政策，认清国际、国内形势发展的大局和大趋势，全面正确地认识党和国家面临的形势和任务，激发爱国热情，增强民族自信心和社会责任感，珍惜和维护稳定大局，确立建设有中国特色社会主义的理想和信念	国内形势及政策；国际形势及对外政策；根据中宣部、教育部和省委宣传部、省委高校工作委员会和省教育厅的有关精神，针对学生思想实际，统一组织进行规定的教育内容；学生关心的社会热点难点问题	

续上表

序号	课程名称	学分	学时	课程目标	主要内容	备注
4	廉洁修身	1	18	强化修身、廉洁教育内容，使修身、廉洁文化“进校园”“进头脑”，在大学生中树立以廉为荣、以贪为耻的社会主义道德观，打好勤劳节俭、廉洁奉公、修身立德的思想基础	修身成就梦想，品德决定命运；廉洁源于自律，堕落始于贪婪；高职大学生的廉洁观；高职大学生廉洁修身的方法；高职大学生如何提高廉洁自律的自觉性；高职大学生廉洁修身与人生境界的提升	
5	军训	2	56	让学生了解掌握基本军事技能，增强国防观念、国家安全意识和忧患危机意识，弘扬爱国主义精神，传承红色基因，提高学生综合国防素质	共同条令教育、分队的队列动作、现地教学；轻武器射击、战术；格斗基础、战场医疗救护、核生化防护；战备规定、紧急集合、行军拉练、野外生存、识图用图、电磁频谱监测	
6	军事理论	2	36	让学生了解掌握军事基础知识，增强国防观念、国家安全意识和忧患危机意识，激发爱国热情，弘扬爱国主义精神，传承红色基因，提高学生综合国防素质	国防法规、国防建设、武装力量、国防动员；国家安全形势、国际战略形势；外国军事思想、中国古代军事思想、当代中国军事思想；新军事革命、机械化战争、信息化战争；信息化作战平台、综合电子信息系统、信息化杀伤武器	
7	大学生健康与安全教育	2	32	帮助学生树立健康与安全意识，掌握维护健康与安全的知识和技能，提高应对健康与安全风险的能力，增强维护全民健康与安全的社会责任感	健康生活方式、疾病预防、心理健康、性与生殖健康、安全应急与避险；心理健康与身体健康的关系，自我心理调适与技能，缓解不良情绪的基本方法，维护良好人际关系与有效交流的方法，珍爱生命	
8	体育	6	90	通过合理的体育教育和科学的体育锻炼，达到增强体质、增进健康，培养终身体育意识，促进学生全面发展	学生以身体练习为主要手段，以体育与健康知识、技能和方法为主要学习内容；通过身体活动，将思想品德教育，文化科学教育，生活与运动技能教育有机结合，以促进身心和谐发展	

续上表

序号	课程名称	学分	学时	课程目标	主要内容	备注
9	体能测试	0.5	18	通过体能测试对学生体质健康进行量化综合评定，激励学生积极进行身体锻炼，促进学生体质健康发展	通过对学生身高、体重、肺活量、坐立体前屈、立定跳远、50米、1分钟仰卧起坐（女）、引体向上（男）、800米跑（女）、1 000米跑（男）等的测试，对学生体质状况和体育锻炼效果进行评价，以此指导学生科学开展体育活动和锻炼	
10	公益劳动	1	16	落实习近平总书记关于构建德、智、体、美、劳全面培养的教育体系的要求，帮助学生树立热爱劳动的意识，重视和尊重劳动者，珍惜他人的劳动成果，培养艰苦奋斗和团结协作的美好品质	对学校公共区域及主要学习场所进行清洁、保洁，通过交流劳动心得、总结劳动收获、分享劳动经验等方式，引导学生端正劳动态度，养成劳动习惯	
11	职业规划与就业指导	2	38	通过激发大学生职业生涯发展的自主意识，树立正确的就业观，促使大学生理性地规划自身未来的发展，并努力在学习过程中自觉地提高就业能力和生涯管理能力	如何正确认识自我，如何适应大学生活；职业与成才的关系，职业生涯规划的意义与基本内容；如何做好职业生涯规划，职业生涯规划书的制作；就业形势分析，就业政策；求职准备与求职技巧，就业权益保护等	
12	创新创业基础	2	32	培养学生创新意识，树立创新强国理念；掌握开展创新创业活动所需的相关知识，锻炼学生发现问题并创新性地解决问题的能力	通过痛点分析、创新性地寻找解决方案、商业模式分析等步骤，从0到1开发一个创新创业项目，撰写商业计划书并完成路演	

续上表

序号	课程名称	学分	学时	课程目标	主要内容	备注
13	现代信息技术应用基础	3	60	使学生初步掌握计算机原理、Windows 操作系统、计算机信息处理技术、计算机网络安全等基本知识与操作技能，了解新一代信息技术的基本原理及应用	计算机语言简介、计算机软硬件组成；Windows 操作系统的基本功能与使用方法；Word 文档的综合排版、PPT 的设计与制作、Excel 综合数据处理；网络的基本概念、IP 地址的概念与配置、病毒与木马的防治、信息安全法规、自我信息安全的保护；计算机新技术（云计算、大数据、区块链、物联网、人工智能、VR/AR）的基本原理及应用案例	
14	高职英语	10	180	使学生掌握英语学习的方法和策略，具有较强的英语听、说、读、写、译能力，能够运用英语在日常生活和职业领域开展交际活动	以职场情境英语教学为主线，以若干个子情境学习任务为导向，构建“基础英语+职业英语”融合进阶式英语学习模式，注重英语听、说、读、写、译能力的培养，涵盖词汇拓展、句型巩固、项目设计和职场情境演绎等内容	
15	应用文写作	2	36	使学生掌握应用文写作的基本知识和写作技能，能够独立完成公文、日常文书、通用类文书等的写作	通知、通报、请示、批复、函、计划、总结、报告、条据、启事、求职信、演讲稿、调查报告等常用文种的基本知识和写作要求，培养学生能写能说的技能和素质	

基本素质选修课包括综合素质公共选修课和综合素质课外训练项目。

综合素质公共选修课是学校根据有关文件规定开设的关于安全教育、节能减排、绿色环保、金融知识、社会责任、人口资源、海洋科学、管理等人文素养、科学素养方面的全校性选修课程，以扩大学生学习知识面，丰富学生学习生活，帮助学生开阔视野，活跃思维，激发创新灵感，达到德智体美诸方面全面协调发展的目的。

综合素质课外训练项目涉及学生思想、道德、社会实践与志愿服务、职业技能竞赛、科学技术、创新创业、文化艺术与身心发展、社团活动与社会工作、国际交流等多方面的各类活动，鼓励学生发挥个人所长，将专业知识运用到实践活动中。

本专业开设的基本素质选修课见表 2－30。

表 2-30　三年制新能源汽车专业开设的基本素质选修课

序号	课程名称	学分	学时	课程目标	主要内容	备注
1	马克思主义中国化进程与青年学生使命担当	1	20	认清马克思主义在不同时代的具体形态；强化学生使命担当；深化对习近平新时代中国特色社会主义的思想理解	19 世纪科学社会主义的创立；五四精神；中华人民共和国成立、社会主义建设；改革开放时代；中国特色社会主义新时代；新时代我国社会主要矛盾；建设美丽中国；中国特色社会主义文化自信；构建人类命运共同体；中国共产党领导并关联青年使命	限选
2	公共艺术选修课	2	30	强化普及艺术教育，推进文化传承创新，引领学生树立正确的审美观念、陶冶高尚的道德情操、塑造美好心灵	开设音乐、美术、舞蹈、戏剧、戏曲、影视、书法等公共艺术课程，重点突出公共艺术课程的实践性	
3	其他公共选修课	5	75	拓展学生的知识面、完善学生知识能力结构，培养和发展学生的兴趣和潜能	自我管理与学习能力、问题思考与解决能力、团队协作与执行能力、人际交往与沟通能力、组织领导与决策能力、职业发展与创新能力、中华文化与历史传承、科学与科技、社会与文化、经济管理与法律基础、艺术鉴赏与审美体验等 11 类课程	
4	综合素质课外训练项目	8	0	培养学生德、智、体、美、劳全面发展的综合实践能力	思想政治与道德素质、社会实践与志愿服务、职业技能、科学技术、创新创业、文化艺术与身心发展、社团活动与社会工作、国际交流、辅修专业学习等九大类的第二课堂实践活动或竞赛活动	

（2）专业能力课。

专业能力必修课：专业能力必修课分为专业通用能力课（专业群平台课）、专业专门能力课和专业综合能力课，本专业开设的专业能力必修课见表 2-31。

表 2-31　三年制新能源汽车技术专业开设的专业能力必修课

序号	类型	课程名称	学分	学时	课程目标	主要内容	专业核心课程(＊)
1	专业通用能力课	机械识图	2	40	让学生了解制图基本知识、基本投影理论和相关国家标准，掌握基本绘图知识技能，能够识读复杂机械零件图和机器部件装配图，能按标准绘制汽车零部件结构简图	机械制图的基本知识、基本投影理论、机械制图国家标准、基本绘图知识和技能、识图、机械零件图和机器部件装配图、绘制简单零件图	
2		新能源汽车概述	2	40	让学生掌握新能源汽车的发展历程、新能源汽车的分类；了解新能源汽车常用驱动电机类型和特点，了解动力电池类型和特点，了解新能源汽车电控系统工作原理	新能源汽车概述、新能源汽车驱动电机系统、新能源汽车动力电池、纯电动汽车、混合动力汽车、燃料电池汽车、新能源汽车驾驶与维护	
3		电工实训	2	56	让学生掌握直流电路、交流电路、电子控制电路、逆变电路、同步/异步电机控制线路等连接、控制、检测操作，了解汽车线路结构、控制知识；掌握汽车线路检修设备安全规范使用方法；能够正确使用万用表、示波器等仪器设备	直流电路、交流电路、电子控制电路、逆变电路、同步/异步电机控制线路等连接、控制、检测操作，汽车线路结构、控制基础知识；线路检修设备安全规范使用方法；万用表、示波器等仪器设备	
4		汽车机械基础	2	40	培养学生对汽车常用材料、常见机构和常用零件等的认知能力与应用能力，掌握机械加工的基本方法；培养学生分析和解决问题的能力及创新能力，使学生建立较强的工程意识，并逐步养成严谨的工作作风	金属与合金、非金属材料在汽车中的应用；互换性、标准化、常用量具和测量方法的基本知识；零件和机构强度、刚度等基本概念，了解计算方法；零件和机构失效形式；通用机械零件和传动装置工作原理、特点及维护；常用机构结构特点、运动特性；典型机械结构静力平衡分析；典型机械承载能力分析；常用机械传动特点、工作原理、受力分析	

续上表

序号	类型	课程名称	学分	学时	课程目标	主要内容	专业核心课程（*）
5	专业通用能力课	电工电子基础	3	56	让学生初步认知汽车基本电工电子器件、工作原理等；让学生掌握核心知识；培养学生知识掌握能力和对汽车电器电控系统的感知、认知能力；锻炼学生的工作能力、运用方法的能力	汽车线路配线；线路连接器类型及结构形式；电路保护元件；继电器原理及应用；汽车基本电路；电路特性参数与测量；基尔霍夫定律；汽车常用仪器仪表；交流发电机、二极管；电容、电感及交直流变换电路；三极管；放大电路；集成运放；基本门电路、组合逻辑电路；时序逻辑电路；汽车电路；电动机结构、工作原理；永磁直流电动机的反转、调速；步进电动机的微机控制；磁铁、变压器、扬声器在汽车上的应用；扬声器电路	
6	专业通用能力课	金工实训	2	56	让学生掌握钳工、车工和焊接等工种基本操作，了解金属工艺知识；掌握汽车维修设备安全规范使用方法；能够正确使用工卡量具；能够规范进行汽车拆装、修复类操作	车工、钳工和铣工及磨工等工种基本操作，金属工艺基础知识；机械零件常用加工方法及所用设备结构原理；工卡量具；机械零部件加工工艺过程	
7	专业通用能力课	汽车专业英语	2.5	48	让学生熟悉汽车专业的英语词汇及用法；加深对汽车构造的知识；培养学生的英语阅读能力和翻译能力；能够独立地直接从专业原版英语资料中获取新知识和信息	发动机的定义、分类、基本术语及其工作原理、总体构造；点火系统和起动系统；电控燃油喷射系统；冷却系统和润滑系统；汽车底盘传动系统；离合器、减速器、万向传动装置；汽车悬挂系统；制动系；制动器与制动传动装置；转向系；汽车仪表；行驶系；汽车外观、速度表等	

续上表

序号	类型	课程名称	学分	学时	课程目标	主要内容	专业核心课程(＊)
8	专业通用能力课	汽车传感器技术	2	36	通过本课程的教学，使学生系统地了解常用汽车传感器的安装位置、结构原理、电路图、动态检测方法、静态检测方法及更换调整等；培养学生利用汽车的自诊断系统来读取传感器的故障码、利用示波器对传感器的波形进行检测与分析的能力	常用的汽车发动机、底盘和车身电控系统传感器的作用、结构、原理和检测等内容，重点讲解传感器的结构及原理	
9	专业专门能力课	汽车底盘构造与维修	2.5	48	让授课对象掌握底盘、主要总成拆装、调整和维修技术，能够进行维护保养，具有汽车底盘常见故障分析排除能力	现代汽车底盘行驶系、转向系、制动系结构、工作原理、所应用的先进控制技术/系统及检修过程/方法；汽车底盘常见故障的检测诊断分析排队	
10		汽车发动机工作原理与检修	2.5	48	让授课对象掌握现代汽车发动机各总成总体辨识及外部检查、整体拆卸、总成拆解检测和维修、总成装配调整技术、所应用的先进控制技术，能够进行维护保养，规范使用工具及设备，具有诊断分析并排除典型故障能力；掌握发动机动力传动系统主要总成拆装、调整和维修技术，能够进行维护保养，具有汽车动力传动系统常见故障诊断分析排除能力	发动机曲轴连杆机构、配气机构、润滑系统、冷却系统、供油系统、点火系统等各系统的工作原理，结构及维修工艺，发动机常见故障的检修；汽车发动机动力传动系结构、工作原理、所应用先进控制系统/技术及检修过程/方法，动力传动系统常见故障诊断分析排除	

续上表

序号	类型	课程名称	学分	学时	课程目标	主要内容	专业核心课程(＊)
11	专业专门能力课	新能源汽车维护及检修	3	56	让授课对象了解纯电动汽车和混合动力汽车等新能源汽车总体结构与工作原理、主要维护作业；了解有关维修的技术规范和标准；初步具有新能源汽车动力总成解体、组装的能力以及此过程中的安全操作知识，能够对新能源汽车常见故障进行诊断分析排除	纯电动汽车和混合动力汽车等新能源汽车各系统的构成、功用与原理、维护作业、主要总成之间和总成内部主要机件之间的装配关系以及各功能模块的逻辑连接；有关维修的技术条件和标准；新能源汽车动力总成解体、组装过程中的安全操作知识，新能源汽车常见典型故障诊断排除流程	＊
12	专业专门能力课	汽车电器设备构造与检修	3	56	结合实车电路图，掌握汽车电源系统、起动系统、点火系统、照明和信号系统、仪表和报警系统、辅助电器系统、汽车空调系统、汽车影音系统电路工作原理、主要部件总成结构及检测，能够读懂实车电路，熟悉整车配电装置，掌握汽车电路电器故障一般检修流程	不同车型的系统电路图；现代汽车电源系统、起动系统、点火系统、照明和信号系统、仪表和报警系统、辅助电器系统、汽车空调系统、汽车音像系统、全车电路及配电装置等	＊
13	专业专门能力课	动力电池及管理系统诊断与维修	3	56	使学生掌握电池结构原理，熟悉电池 PACK 技术，掌握电池管理系统测试、诊断等	电动汽车动力电池的发展、参数、测试等基础知识，重点讲解目前应用广泛的锂离子动力电池和燃料电池系统，同时兼顾镍氢电池、铅酸电池等其他类型动力电池和储能装置	＊

续上表

序号	类型	课程名称	学分	学时	课程目标	主要内容	专业核心课程(＊)
14	专业专门能力课	新能源汽车电机及控制系统诊断与维修	3	56	使学生能够进行电机拆装维护；会使用专用设备完成电机故障检测与维修	新能源汽车常用的四种驱动电机（直流电动机、交流感应电动机、交流永磁电动机和开关磁阻电动机）结构认知、工作原理分析、性能特点，并介绍了驱动电机选型的相关依据与参数；常用驱动电机（直流电动机、感应电动机、永磁电动机和开关磁阻电动机）的控制技术，包括控制系统结构组成、调试方式、机械特性及典型应用等几个方面	＊
15		整车控制系统诊断与维修	3	56	使学生能够了解整车控制系统，能够认知控制系统各种检测、维修设备和工具，并掌握车辆静态测试、运行状态测试和保护功能测试和制动能量测试等检查内容和测试原理，积累排除汽车故障技术的工作经验	主要学习与专业群职业能力模块库相对应的知识和技能，包括：整车控制系统的认知，整车控制器的检查与更换，整车控制系统的工作模式测试等	＊
16	专业综合能力课	新能源汽车综合故障诊断与检修	3	56	使学生掌握新能源汽车故障诊断、故障诊断检测设备使用的基本知识，能够完成整车综合故障的诊断与故障排除任务。 有针对性地培训学生通过汽车运用与维修（含智能新能源汽车）“1＋X”证书制度的职业技能中级考核	新能源汽车故障诊断的基本知识以及故障诊断检测设备的使用与维护；维修手册等维修资讯的检索；学习特定车型特点；选择典型车系（亚洲、欧洲、美洲常见车型），进行整车资料查询、实车故障诊断和排除。 汽车动力与驱动系统部件检测与维修、汽车底盘主要部件检测与维修、汽车电子电气与空调舒适系统部件检测与维修	＊

续上表

序号	类型	课程名称	学分	学时	课程目标	主要内容	专业核心课程(＊)
17	专业综合能力课	毕业设计	4	112	运用所学知识结合毕业课题在毕业设计中综合运用，做到设计理论论据充分，提高专业技能。 培养学生面对项目任务实际独立实施的工作能力，以严谨的科学态度和正确的思想完成任务，为实际工作打下良好基础	汽车某类或某品牌汽车某类故障分析、诊断和排除流程设计；汽车维修企业设计	
18		顶岗实习	16	448	让学生在本专业相关行业实际工作环境和工作实践中学习、运用和巩固加深专业技能和专业知识；同时，学会分析问题、解决问题，培养团队合作精神，深入了解企业和汽车维修行业，培养学生正确的劳动观念，使学生养成敬业爱岗、吃苦耐劳的良好习惯，深入社会，培养学生社会适应能力	现代汽车主要总成测试、汽车装配、汽车销售、汽车保险、汽车保养、汽车零部件拆装、汽车电路检测、汽车故障检测与排除、汽车事故现场查勘、汽车损伤定损、汽车零配件销售与流通	

专业能力选修课分为专业横向扩展课和专业纵向扩展课，本专业开设的专业能力选修课，见表2－32，合计至少应选修14学分。

表 2－32　三年制新能源汽车技术专业开设的专业能力选修课

序号	类型	课程名称	学分	学时	课程目标	主要内容	备注
1	专业横向扩展课	汽车营销基础与实务	2	40	让授课对象掌握汽车营销的基本技巧、汽车营销的方法、现代汽车营销的理念和模式。能够预测汽车市场趋势，能够制定汽车市场营销组合策略，掌握销售顾问的职业素养和流程，掌握汽车市场营销宏观环境和微观环境分析方法及应对措施等	汽车营销的基本理论知识，如汽车营销理念、营销模式、营销技巧和促销策略，汽车市场营销环境分析方法和应对策略，如何制定汽车市场营销组合策略，专业汽车销售顾问应具备的职业素养和营销方法、技巧以及营销核心流程	
2		汽车美容与保养	2	40	具备安全生产、运营成本意识和运营管理能力；熟练运用汽车清洁、美容用品、工具和设备；能按照规程和施工工艺对汽车美容具体项目实施；精通车身表面划痕修补方法，掌握划痕修补技能；能够运营清洁美容项目	安全生产知识和措施；汽车美容常用用品、工具和设备；美容项目操作程序和施工工艺；各种划痕的修补方法；汽车常规保养项目操作；项目运营理论和管理方法、技术、技能	
3		汽车文化	2	36	让学生掌握现代汽车发展史、竞赛运动、设计、试验、生产、改装、衍生文化以及汽车工业发展趋势	现代汽车发展史、汽车工业现状；汽车竞赛运动、设计、试验、生产、改装、衍生文化以及汽车工业发展趋势	
4		二手车鉴定与评估	2	36	让学生掌握汽车评估的基本方法，能对车辆进行技术鉴定，熟悉二手车价值评估、交易流程	汽车评估基本知识、二手车技术状况鉴定、二手车评估基本方法、汽车碰撞与风险评估和二手车交易等	

续上表

序号	类型	课程名称	学分	学时	课程目标	主要内容	备注
5	专业横向扩展课	汽车保险与理赔	2	36	让学生掌握汽车类保险基本知识，掌握投保、承保、事故现场查勘定损及理赔基本技能；初步具备汽车保险相关操作基本技能	汽车保险、汽车保险合同、投保、承保、核保、查勘、定损、理赔和保险发展等基本知识；汽车保险投保、承保、核保、事故现场查勘定损及理赔基本技能	
6	专业横向扩展课	汽车电子商务	2	36	让学生掌握电子商务基础知识，对电子商务框架有整体认识；了解汽车整车制造企业、营销流通企业、物流企业、保险企业和售后服务企业电子商务技术应用情况及相关知识、方法和技术，对电子商务在汽车各行业中应用、发展有直观认识	汽车电子商务概论、技术基础、运行环境、电子支付应用、汽车在线零售与B2C、B2B和汽车企业的信息化ERP；汽车营销与电子商务、汽车整车及配套企业电子商务应用；汽车售后服务电子商务应用、汽车物流电子商务应用等	
7	专业横向扩展课	汽车配件管理与营销	2	36	让学生掌握汽车配件概念、市场营销知识及销售管理方法	汽车配件概念、种类，汽车配件市场营销概念，汽车配件销售及流通管理	
8	专业横向扩展课	汽车维修企业经营与管理	2	36	具备安全生产、运营成本意识和运营管理能力；掌握企业的生产管理知识；掌握汽车维修企业的基本概念；能分析企业管理的现状与发展趋势	安全生产知识和措施；汽车常用用品、工具和设备；汽车维修企业管理概念与发展趋势；汽车维修企业管理的基础	

续上表

序号	类型	课程名称	学分	学时	课程目标	主要内容	备注
9	专业纵向扩展课	汽车 I/M 检测与排放控制治理技术	2	36	让学生掌握汽车 I/M 检测与排放控制治理技术	汽车排放产生原理、危害；汽车 I/M 检测方法/技术，汽车排放控制治理技术	
10		汽车服务接待及维护保养	2	36	让学生掌握汽车服务接待流程、汽车检查及登记确认事项，对汽车技术状况进行判断并拟定维护保养项目	汽车服务接待、汽车外观状况检查及登记确认、依据汽车技术状况作出判断并拟定维护保养项目	
11		汽车全车网关控制与娱乐系统技术	3	54	让学生掌握汽车全车网络控制拓扑结构及娱乐系统控制技术	汽车全车网络控制拓扑结构；动力 CAN 系统，车身 LIN 系统，娱乐系统大容量高速光纤控制技术等	
12		智能网联汽车网关控制与娱乐系统技术	3	54	让学生掌握智能网联汽车全车网络控制拓扑结构及娱乐系统控制技术	智能网联汽车全车网络控制拓扑结构；动力 CAN 系统，车身 LIN 系统，娱乐系统大容量高速光纤控制技术等	
13		汽车售后服务管理	2	36	学生能掌握相应管理基础知识和方法，能够运用企业管理理论和具体方法分析解决企业或自身所存在的实际问题，培养学生综合素质能力，成为具有创造性、实用性、竞争性、开拓性的综合性人才，培养具备专业技术的企业管理者的基本素质	汽车售后服务企业的经营与管理理念，具体管理方法和基本业务管理内容	
14		智能网联汽车检测与运维	3	54	学生能掌握感知系统、ADAS 控制系统、ADAS 执行器等检测与维修方法和技能，能对 ADAS 综合故障、LIN 故障、CAN 故障、以太网故障等进行诊断与维修，能够检修智能座舱系统	感知系统；ADAS 控制系统、执行器、ADAS 综合故障诊断；LIN 故障检测与诊断；CAN 故障检测与诊断；以太网故障检测与诊断；智能座舱系统	

续上表

序号	类型	课程名称	学分	学时	课程目标	主要内容	备注
15	专业纵向扩展课	现代汽车检修	3	54	培养汽车实际故障诊断与排除的操作能力	实际在用车辆、实际故障、作业工单	
16		智能制造基础与应用	2	36	使学生了解智能制造概述、基础理论、核心知识、关键技术以及未来发展方向，熟习具体应用技术和企业应用	智能制造所涉及的基本概念、基础理论、核心知识、关键技术、应用案例、未来发展等内容	
17		职业上岗考证培训课程	2	36	掌握有关职业岗位的基本知识与基本要求，了解职业活动中各种事故和职业性伤害发生的规律及其原因，具备分析、解决岗位上实际问题的能力，达到相应职业岗位上岗要求	有关职业岗位上岗考证培训要求的内容	如电工上岗证等特种安全上岗证
18	企业订单课程	吉利新能源课程	3	54	掌握吉利新能源汽车的类型，维护保养的操作流程、技术特点，吉利新能源汽车故障诊断	吉利新能源汽车类型，技术特点；维护保养操作流程；简单故障诊断	
19		比亚迪新能源课程	3	54	掌握比亚迪新能源汽车的类型，维护保养的操作流程、技术特点，比亚迪新能源汽车故障诊断	比亚迪新能源汽车类型，技术特点；维护保养操作流程；简单故障诊断	

（3）职业技能等级（资格）证书与相关专业课程的关系。

学生获得以下职业技能等级（资格）证书（经提交证书原件验证），便可获得本专业相关1门或多门专业课程学分，见表2－33。

表 2－33　三年制汽车检测与维修技术专业职业技能等级（资格）证书与相关专业课程的关系

序号	证书名称	证书等级	颁证单位	置换课程名称	学分	备注
1	汽车运用与维修职业技能等级证书	中级	北京中车行高新技术有限公司	汽车检修综合训练	3	
2	智能新能源汽车职业技能等级证书	中级	北京中车行高新技术有限公司	电工实训	2	
3	智能网联汽车检测与运维职业技能等级证书	中级	中德诺浩（北京）教育科技股份有限公司	电工电子基础	3	

7．教学进程总体安排

本专业教育教学活动时间安排见表 2－34。

表 2－34　三年制新能源汽车技术专业教育教学活动时间安排表

单位：周

序号	教育教学活动		各学期时间分配						合计
			1	2	3	4	5	6	
1	教学活动时间	理论教学、实践教学、技能鉴定、资格认证培训等	15	18	18	18	18	16	103
2	其他教育活动时间	考核	1	1	1	1	1		5
3		机动		1	1	1	1	3	7
4		入学教育、军训	2						2
5		毕业教育、毕业离校						1	1
合计			18	20	20	20	20	20	118

8．实施保障

（1）专业教学团队。

专业教学团队师资配置要求：学生数与本专业专任教师数比不高于 25∶1，“双师”素质教师占教师比例一般不低于 60%，专任教师队伍要考虑职称、年龄，形成合理的梯队结构。

专业带头人原则上应具有副高级以上职称，能够较好地把握汽车及其服务行业现状及发展态势，能广泛联系行业企业，了解行业企业对本专业人才的需求实际，教学设计、专业研究能力强，组织开展教科研工作能力强，在本区域或本领域具有一定的专业影响力。

专任教师任职资格：专任教师应具有高校教师资格；有理想信念、有道德情操、有扎实学识、有仁爱之心；具有汽车/车辆工程等相关专业本科及以上学历；具有扎实的本专业相关理论功底和实践能力；具有较强的信息化教学能力，能够开展课程教学改革和科学研究；有每5年累计不少于6个月的企业实践经历。

兼职教师任职资格：兼职教师主要从本专业相关的行业企业聘任，具备良好的思想政治素质、职业道德和工匠精神，具有扎实的专业知识和丰富的实际工作经验，具有中级及以上相关专业职称，能承担专业课程教学、实习实训指导和学生职业发展规划指导等教学任务。

（2）实践教学条件。

①汽车底盘实训室。

规模：500平方米，能容纳40人同时一体化授课。

功能：用于“机械识图”“现代汽车构造与原理”“汽车机械基础”“金工实训”“电工电子基础”“电工实训”“汽车专业英语”“汽车底盘工作原理与检修”“汽车发动机工作原理与检修”“汽车电器工作原理与检修”“新能源汽车工作原理及检修”“汽车检测与故障诊断”“汽车检修综合训练”“毕业设计”等课程的教学与实训，可进行实训教学、技能培训、技能考证等。

主要设备：配备整车底盘总成、汽车底盘主要部件总成、底盘主要系统教学运行试验台架、底盘拆装工具、剪式举升机、手动叉车、液压千斤顶等设施设备，数量要保证至多6人一台。

②发动机实训室。

规模：300平方米，能容纳40人同时一体化授课。

功能：用于“机械识图”“现代汽车构造与原理”“汽车机械基础”“金工实训”“电工电子基础”“电工实训”“汽车专业英语”“汽车发动机工作原理与检修”“汽车电器工作原理与检修”“汽车检测与故障诊断”“汽车检修综合训练”“毕业设计”等课程的教学与实训，可进行实训教学、技能培训、技能考证等。

主要设备：整车发动机总成、发动机主要部件、发动机总成教学运行试验台架、发动机拆装工具、发动机托架、手动叉车等设施设备，数量要保证至多4人一台。

③汽车电器实训室。

规模：300平方米，能容纳40人同时一体化授课。

功能：用于“机械识图”“现代汽车构造与原理”“电工电子基础”“电工实训”“汽车专业英语”“汽车电器工作原理与检修”“汽车发动机工作原理与检修”“汽车检测与故障诊断”“汽车检修综合训练”“毕业设计”等课程的教学与实训，可进行实训教学、技能培训、技能考证等。

主要设备：配备整车电器系统总成、汽车电器主要部件总成、汽车电器系统教学运行试验台架、汽车电器拆装工具及测量设备设施等，数量要保证至多3人一台。

④汽车技术综合实训室。

规模：800平方米，能容纳40人同时一体化授课。

功能：用于“机械识图”“现代汽车构造与原理”“汽车机械基础”“金工实训”“电工电子基础”“电工实训”“汽车专业英语”“汽车运用工程基础”“汽车底盘工作原理与检修”“汽车发动机工作原理与检修”“汽车电器工作原理与检修”“新能源汽车工作原理及检修”“汽车检测与故障诊断”“汽车美容与装饰”“汽车营销基础与实务”“汽车检修综合训练”“毕业设计”等课程的教学与实训，可进行实训教学、技能培训、技能考证等。

主要设备：配备整车、汽车拆装工具、汽车举升机、四轮定位仪、汽车检测线、尾气分析仪及测量维保设备设施等，数量要保证至多6人一台。

校外实践教学基地

①新能源汽车技术校外实践教学基地。

规模：能接纳40名学生进行教学与生产实训。

功能：开展当代汽车先进控制技术实训/培训、智能新能源汽车相关技术技能实训/培训等活动，配备相应数量的指导教师对学生实训进行指导和管理，规章制度齐全，学生安全有保障。

②新能源汽车维修岗位校外实践教学基地。

规模：能接纳30名学生进行教学与生产实训。

功能：开展车辆清洁美容岗位、接待岗位、维修岗位、耗材备件仓库管理岗位等相关岗位学生顶岗实习活动，配备相应数量的指导教师对学生实训进行指导和管理，规章制度齐全，学生安全有保障。

③新能源汽车装配岗位校外实践教学基地。

规模：能接纳20名学生进行教学与生产实训。

功能：开展汽车总装岗位、汽车装配管理岗位、备件检验、下线整车质量检验岗位等相关岗位学生顶岗实习活动，配备相应数量的指导教师对学生实训进行指导和管理，规章制度齐全，学生安全有保障。

④新能源汽车检测岗位校外实践教学基地。

规模：能接纳10名学生进行教学与生产实训。

功能：开展场地电动专用车总装岗位、装配管理岗位、备件检验、下线整车质量检验岗位等相关岗位学生顶岗实习活动，配备相应数量的指导教师对学生实训进行指导和管理，规章制度齐全，学生安全有保障。

9. 毕业要求

学生通过规定修业年限的学习，修满专业人才培养方案所规定的学分，达到专业人才培养目标和培养规格的要求，以及《国家学生体质健康标准》相关要求，准予毕业，颁发毕业证书。学分要求如下：

本专业按学年学分制安排课程，学生最低要求修满总学分 132 学分。

必修课要求修满 102 学分，占总学分的 77. 27%。其中：基本素质课要求修满 41. 5 学分，占总学分的 31. 44%。

专业能力课要求修满 60. 5 学分，占总学分的 45. 83%。

选修课要求修满 30 学分，占总学分的 22. 73%。其中：基本素质课要求修满 16 学分，占总学分的 12. 12%。

专业能力课要求修满 14 学分，占总学分的 10. 61%。

第三章　大类招生汽车专业课程标准

（一）“汽车发动机机械检修”课程标准

1. 课程名称

汽车发动机机械检修。

2. 适用专业

汽车类专业。

3. 课程性质

专业课程。

4. 课程设计

本课程设计遵循以学生为中心，以升学为导向的理念，结合企业访谈、问卷调查和职业能力分析会，分析汽车售后服务岗位的专业知识、技能和服务态度——汽车售后服务的职业能力点，按照岗位能力职业培养为主线，通过选择具有代表性的企业工作任务进行系统化的加工，构建能够培养学生职业能力、职业素养和知识点的学习情境。同时，学习情境按人才职业成长（由外围到核心，从初学者到专家）的规律进行排列，具有合理的梯度结构，学习难度由易到难，职业能力要求从低到高；贯彻以学生为主体的教学理念，采用行动导向教学，学生接受老师安排的工作任务，在学生完成工作任务的过程中实现教学目标，做到“教、学、做”一体，最终实现做中学和学中做。强调学生的学习自主性，培养学生自我管理、分析问题和解决问题的能力。

本课程构建基于汽车发动机机械故障的学习情境，包括发动机维护、发动机传动带的检查与更换、曲柄连杆机构的故障诊断、发动机配气机构的故障诊断、发动机汽缸盖与汽缸体的故障诊断、发动机燃油供给系统的检查、发动机冷却系统的故障诊断、发动机润滑系统的故障诊断、发动机大修共 9 个学习情境。学生在完成学习情境的过程中，融入 6S 管理、工作结构原理、设备使用和诊断等专业知识、技能等专业能力，并采用任务工单和小组合作的方式，培养学生独立解决问题的能力、具有团队合作等基本素养，从而实现学生职业能力的培养。

5. 课程教学目标

通过对课程的学习，学生能够掌握汽车发动机机械的基本理论知识，掌握正确的故障诊断方法，对汽车发动机机械系统部分的故障诊断和维修技术进行总结，分析故障原因，查找故障部位并对汽车发动机机械的重要部位进行检测和调整，借助维修手册对汽车发动机机械系统典型故障进行诊断、检测与排除，为后续高职学段课程学习打下良好的基础。

素质目标

（1）具有安全生产知识和责任意识，保证工作质量，提高顾客满意度；

（2）具有良好的沟通交流能力，与团队有效合作，提高工作效率；

（3）具有较强的自主学习能力，能够在工作岗位上有所革新和创新；

（4）具有吃苦耐劳的品质，做到爱岗敬业；

（5）具有较强的组织能力，能够通过信息的有效处理解决问题。

能力目标

（1）掌握6S管理，指导维修前准备事项；

（2）懂得发动机传动维护作业；

（3）能对发动机传动带进行检查与更换；

（4）能对曲柄连杆机构进行故障检修；

（5）能对修配气机构进行故障检修；

（6）能对发动机汽缸盖与汽缸体进行故障诊断；

（7）能对发动机燃油供给系统进行检查；

（8）能对发动机冷却系统进行故障诊断；

（9）能对发动机润滑系统进行故障诊断；

（10）能对发动机进行大修处理。

知识目标

（1）熟练使用各种检测工具、仪器；

（2）熟悉发动机机械总体结构；

（3）会描述发动机传动维护作业的方法；

（4）会描述发动机传动带的检查与更换方法；

（5）会描述曲柄连杆机构的故障检修技术；

（6）会描述修配气机构的故障检修技术；

（7）会描述发动机汽缸盖与汽缸体的故障检修技术；

（8）会描述发动机燃油供给系统的检查方法；

（9）会描述发动机冷却系统的故障诊断技术；

（10）会描述发动机润滑系统的故障诊断技术；

（11）会描述发动机大修技术。

6. 参考学时与学分

参考学时与学分见表3－1。

表3－1　参考学时与学分

序号	学习任务	职业能力		知识、技能、态度要求	教学活动设计	课时
1	发动机维护	01	6S管理	1. 懂得礼貌礼仪，注意与客户沟通的技巧； 2. 能认识发动机维护作业的维修工具、设备； 3. 能按照6S管理进行发动机维护作业，遵守规章制度，执行“三不落地”原则，按照标准着装	设置客户接待、客户问诊、维修单记录、维修前准备、发动机维护作业共五个教学活动	8
		04－01	维修前准备	1. 能述说发动机维护作业的项目； 2. 能叙述开展维护作业的注意事项		
		04－2－13	发动机维护作业	1. 能检查发动机舱； 2. 能排放并加注发动机机油； 3. 能检查燃油管路、排气管； 4. 能更换发动机冷却液； 5. 能检查发动机传动带并调整气门间隙		
		8－1	责任（安全）意识	1. 有安全防护意识，懂得举升机的使用办法； 2. 能将车辆顶起并进行安全防护操作		
		11－1	吃苦耐劳	任劳任怨、不怕辛劳		
2	发动机传动带的检查与更换	01	6S管理	1. 懂得礼貌礼仪，注意与客户沟通的技巧； 2. 能认识检查与更换发动机传动带作业的维修工具、设备； 3. 能按照6S管理进行发动机传动带检查与更换作业，遵守规章制度，执行“三不落地”原则，按照标准着装	设置检查传动带张紧度、拆卸与更换非自动张紧型传动带、拆卸与更换自动张紧型传动带共三个活动	8
		04－2－14	拆卸与更换非自动张紧型传动带	1. 能述说发动机传动带的作用及传动带的更换周期； 2. 能检查发动机传动带的张紧度； 3. 能借助维修手册拆卸非自动张紧型传动带； 4. 能借助维修手册更换非自动张紧型传动带		
		04－2－15	拆卸与更换自动张紧型传动带	1. 能检查发动机传动带的张紧度； 2. 能借助维修手册拆卸自动张紧型传动带； 3. 能借助维修手册更换自动张紧型传动带		

续上表

序号	学习任务	职业能力		知识、技能、态度要求	教学活动设计	课时
3	曲柄连杆机构的故障诊断	01	6S 管理	1. 懂得礼貌礼仪，注意与客户沟通技巧； 2. 能认识检测曲柄连杆作业的维修工具、设备； 3. 能按照 6S 管理进行检测发动机曲柄连杆机构作业，遵守规章制度，执行“三不落地”原则，按照标准着装	设置检查汽缸压缩压力、检测活塞梢与承孔间隙、检测活塞环侧隙、检测活塞环端口间隙、检测连杆损伤及检测曲轴损伤共六个教学活动	16
		04－3－5	检测汽缸压缩压力	1. 能安装汽缸压缩压力表； 2. 能检查汽缸压缩压力，并判断汽缸密封性； 3. 能分析汽缸压缩压力低于标准压力的可能原因		
		04－3－3	检测活塞环侧隙和端口间隙	1. 能认识活塞； 2. 能检测活塞环侧隙； 3. 能检测活塞环端口间隙； 4. 能根据汽缸体选配活塞、活塞梢和活塞环		
		04－3－4	检测连杆的损伤	1. 能述说连杆的作用； 2. 能测量连杆小头孔径与油膜间隙； 3. 能检测和校正连杆变形		
		04－3－1	检测曲轴的损伤	1. 能述说曲轴的作用； 2. 能检测曲轴裂纹； 3. 能检测曲轴弯曲变形； 4. 能检测曲轴轴颈磨损		

续上表

序号	学习任务	职业能力		知识、技能、态度要求	教学活动设计	课时
4	发动机配气机构的故障诊断	01	6S 管理	1. 懂得礼貌礼仪，注意与客户沟通的技巧； 2. 能认识检测发动机配气机构作业的维修工具、设备； 3. 能按照 6S 管理检测发动机配气机构作业，遵守规章制度，执行“三不落地”原则，按照标准着装	设置检测汽缸压缩压力、拆卸凸轮轴与汽缸盖、检测凸轮轴、拆卸气门组、检测气门组、调整气门间隙共六个教学活动	18
		04－3－5	检测汽缸压缩压力	1. 能安装汽缸压缩压力表； 2. 能检查汽缸压缩压力，并判断汽缸密封性； 3. 能分析汽缸压缩压力低于标准压力的可能原因		
		04－4－6	拆卸凸轮轴与汽缸盖	1. 能认识配气机构组成； 2. 能拆卸凸轮轴； 3. 能拆卸汽缸盖		
		04－4－1	检测凸轮轴	1. 能检测凸轮轴弯曲变形； 2. 能检测凸轮轴的磨损； 3. 能检测凸轮轴油膜间隙与轴向间隙		
		04－4－7	拆卸气门组	1. 能认识气门组； 2. 能拆卸气门组； 3. 能清洁气门组		
		04－4－4	检测气门组	1. 能检测气门挺杆； 2. 能检测气门弹簧； 3. 能检测气门		
		04－4－2	调整气门间隙	1. 能安装配气机构； 2. 能叙述气门间隙类型； 3. 能调整气门间隙		

续上表

序号	学习任务	职业能力		知识、技能、态度要求	教学活动设计	课时
5	发动机汽缸盖与汽缸体的故障诊断	01	6S 管理	1. 懂得礼貌礼仪，注意与客户沟通的技巧； 2. 能认识检测发动机汽缸盖与汽缸体作业的维修工具、设备； 3. 能按照 6S 管理检测发动机汽缸盖与汽缸体作业，遵守规章制度，执行“三不落地”原则，按照标准着装	设置检测汽缸盖有无裂纹、检测汽缸体有无裂纹、检测汽缸的磨损共三个教学活动	10
		04－3－6	检测汽缸体（盖）有无裂纹	1. 能叙述汽缸体的布置形式； 2. 能叙述汽缸体的不同类型； 3. 能检测汽缸体（盖）的裂纹； 4. 能检测汽缸体（盖）的变形		
		04－3－2	检测汽缸的磨损	1. 能认识量缸表； 2. 能分析汽缸磨损的规律与原因； 3. 能检测汽缸磨损程度； 4. 能计算汽缸的圆度、圆度、圆柱度和最大磨损量		
6	发动机燃油供给系统的检查	01	6S 管理	1. 懂得礼貌礼仪，注意与客户的沟通技巧； 2. 能认识检查发动机燃油供给系统作业的维修工具、设备； 3. 能按照 6S 管理进行检测发动机燃油供给系统作业，遵守规章制度，执行“三不落地”原则，按照标准着装	设置查找发动机燃油供给系统各零部件、检测燃油压力、检查燃油供给系统三个教学活动	8
		04－5－1	查找发动机燃油供给系统各零部件	1. 能叙述汽油发动机与柴油发动机燃油供给系统的区别； 2. 能述说燃油供给系统各零部件的安装位置； 3. 能分析燃油供给系统各零部件的作用		
		04－5－4	检测燃油压力	1. 能认识压力表； 2. 能连接压力表； 3. 能检测燃油压力		
		04－5－3	检查燃油供给系统	1. 能分析燃油压力低的故障原因； 2. 能检查油管及相应的元件； 3. 能借助维修手册排除故障		

续上表

序号	学习任务	职业能力		知识、技能、态度要求	教学活动设计	课时
7	发动机冷却系统的故障诊断	01	6S 管理	1. 懂得礼貌礼仪，注意与客户沟通的技巧； 2. 能认识检查发动机冷却系统作业的维修工具、设备； 3. 能按照 6S 管理进行检测发动机冷却系统作业，遵守规章制度，执行“三不落地”原则，按照标准着装	设置测试冷却系统压力、更换冷却液、检查节温器与水泵三个教学活动	10
		04－8－5	测试冷却系统压力	1. 能叙述冷却液的流经路线； 2. 能读取冷却液温度； 3. 能检查冷却液液位； 4. 能测试冷却系统压力； 5. 能借助维修资料分析冷却液温度过高的可能原因		
		04－8－4	更换冷却液	1. 能检查冷却液质量； 2. 能排放冷却液； 3. 能加注冷却液		
		04－8－6 04－8－8	检查节温器与水泵	1. 能述说节温器、水泵的安装位置； 2. 能检查节温器阀门升程； 3. 能检查水泵		
8	发动机润滑系统的故障诊断	01	6S 管理	1. 懂得礼貌礼仪，注意与客户沟通的技巧； 2. 能认识检查发动机润滑系统作业的维修工具、设备； 3. 能按照 6S 管理检测发动机润滑系统作业，遵守规章制度，执行“三不落地”原则，按照标准着装	设置检测机油压力、选择合适的机油、更换机油、检查机油泵四个教学活动	10
		04－9－8	检测机油压力	1. 能述说机油的流经路线； 2. 能读取机油压力； 3. 能检测机油压力； 4. 能借助维修分析机油压力过低的可能原因		

续上表

序号	学习任务	职业能力		知识、技能、态度要求	教学活动设计	课时
8	发动机润滑系统的故障诊断	04－9－6	选择合适的机油	1. 能检查机油液位与机油质量； 2. 能根据使用环境温度选择合适的机油	设置检测机油压力、选择合适的机油、更换机油、检查机油泵四个教学活动	10
		04－9－7	更换机油	1. 能排放机油； 2. 能更换机油滤清器； 3. 能加注机油		
		04－9－4	检查机油泵	1. 能拆卸机油泵； 2. 能检查限压阀； 3. 能检查机油泵		
9	发动机大修	01	6S 管理	1. 懂得礼貌礼仪，注意与客户沟通的技巧； 2. 能认识发动机大修作业的维修工具、设备； 3. 能按照 6S 管理进行发动机大修作业，遵守规章制度，执行“三不落地”原则，按照标准着装	设置发动机大修前准备工作、拆卸安装发动机总成两个教学活动	12
		04－1	发动机大修前准备工作	1. 能述说发动机大修是什么； 2. 能叙述发动机大修的工作流程； 3. 能制订发动机大修工作计划		
		04－2	拆卸安装发动机总成	1. 能从车上拆下发动机总成； 2. 能安装发动机总成； 3. 能检查发动机总成安装后的质量		
		08－1	责任（安全）意识	1. 有安全防护意识，懂得安装发动机托架； 2. 能将发动机吊出，并进行安全防护操作		

教学课时：100 学时；学分：4。

7. 课程结构

课程结构如图 3－1 所示。

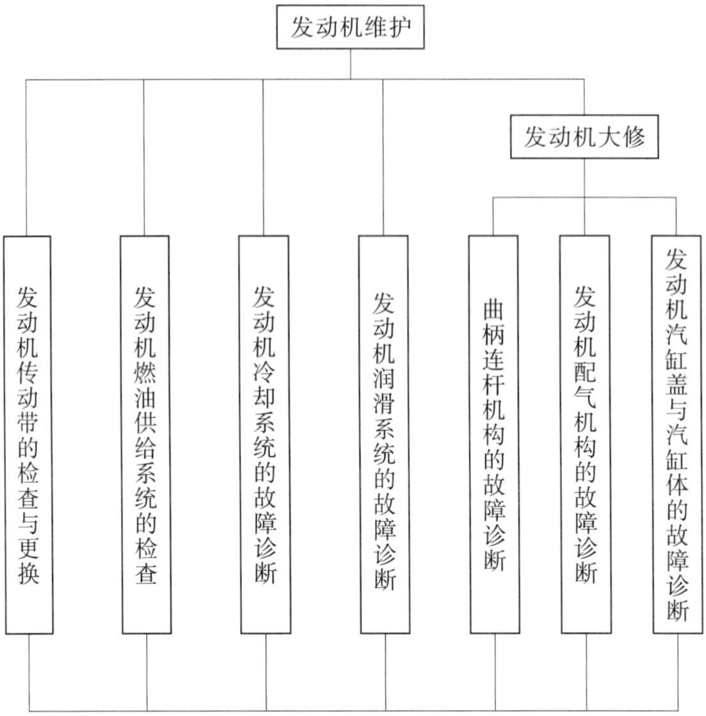

图 3－1　课程结构

8. 资源开发与利用

（1）教材编写与使用。

课程采用自编教材。教材编写贯彻“以职业能力培养为本位，以学生为主体，升学为导向”的理念，打破传统学科式教材编写框架，按照工作过程导向，以岗位工作任务为引领，编制教学情境。以故障案例为导引，在不同任务步骤中融入相应知识点、不同诊断设备及诊断检修方法。通过项目实施中过程的控制、注意事项的讲解、实施方法的引导，实施“教、学、做”一体，更加注重学生技能的形成过程，适应高职培养高技能应用型人才的需要。

教材编写以广东省常见车型或维修设备为基础，教材内容的设计直观、明晰，多采用图表。教材知识点的难易程度与职业类学生学习能力相对应，实践内容考虑实训教学环境需求。

（2）数字化资源开发与利用。

多媒体教学方式已在教育中广泛应用。多媒体教学是指在教学过程中，根据教学目标和教学对象的特点，通过教学设计，合理选择和运用现代教学媒体，借助多种电子媒体如幻灯片、投影、录音、录像等，综合处理和控制符号、语言、文字、声音、图形、图像、影像等多种媒体信息，使师生共同参与教学全过程。多种媒体信息作用于学生，形成合理的教学过程结构，达到最优的教学效果。目前，通常所说的多媒体教学特指运用多媒体计算机并借助预先制作的多媒体教学软件来开展的教学活动过程。

网络课程就是通过网络表现的某门学科的教学内容及实施的教学活动的总和，是信息时代条件下课程的新表现形式。它包括按一定的教学目标、教学策略组织起来的教学内容和网络教学支撑环境。其中，网络教学支撑环境特指支持网络教学的软件工具、教学资源以及在网络教学平台上实施的教学活动。网络课程具有交互性、共享性、开放性、协作性和自主性等基本特征。

运用计算机来模拟汽车故障现象，让学生模拟扮演维修人员完成仿真车辆维修的教学方法，称为仿真教学。仿真教学能在很大程度上弥补客观条件的不足，为学生提供近似真实的训练环境，提高学生职业技能。汽车仿真教学系统如图 3－2 所示。

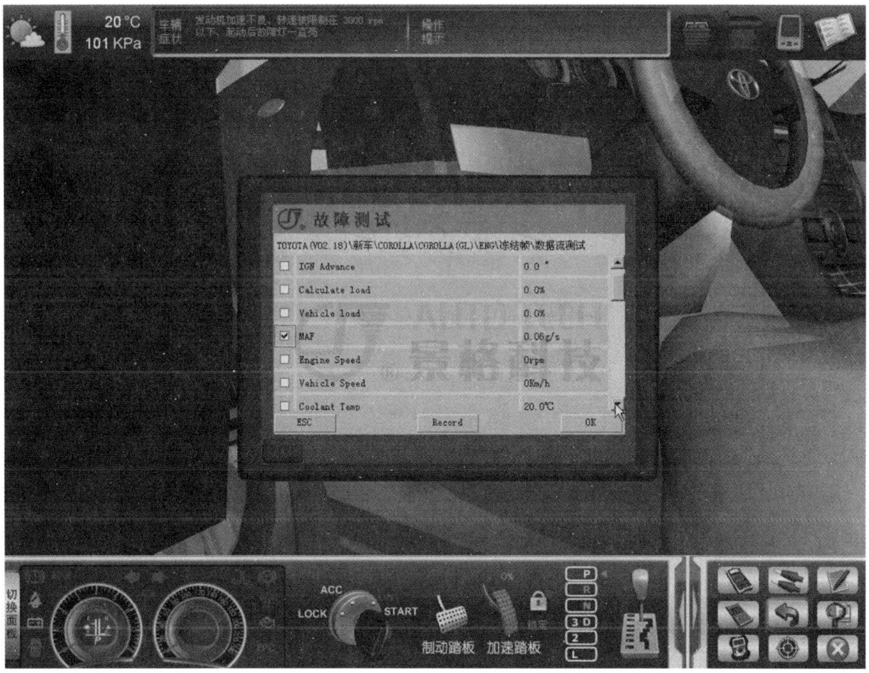

图 3－2　汽车仿真教学系统

9. 教学建议

（1）教学方法。

本课程的理论知识点采用课堂教学结合小组讨论的教学模式和方法；构造原理、操作技能采用视频教学和分组现场教学一体化的教学模式和工作过程系统化的行动导向教学方法。

为保证教学安全和实践效果，每位指导教师负责组织和指导 15～20 个学生，学生分组，每组控制在 4～5 人。

教师在讲授或演示教学中，应使用多媒体教学设备，配备丰富的课件、视频教学辅助设备。

评价方式以学生自评为主，学生互评为辅，教师在评价过程中起引导调控作用。教师要观察学生的学习过程，根据学生自我评价和小组评价情况，给出总体评价和改善意见。

（2）教学条件。

教学条件见表3－2。

表3－2　教学条件

序号	设备名称	单位	数量	备注
1	实训车辆（轿车或小型货车）	辆	10	根据本地区主流车型进行配置（共用）。建议使用丰田 COROLLA
2	汽油发动机总成附大修台	台	10	建议使用5A－FE/8A－FE发动机
3	发动机零部件（汽缸盖及配气机构、汽缸体、曲柄连杆机构、冷却系统及润滑系统组件等）	套	各10	
4	汽车举升器工位	位	10	含举升器、压缩气路、工作灯和尾气抽排设备（共用）
5	顶起升降设备	台	5	两工位共用一个，用于从整车上拆卸和安装汽车总成（共用）
6	工作台	个	10	共用
7	拆装专用工具	套	2	与汽车和各总成配套（共用）
8	常用工具	套	10	或采用48件套装工具
9	工具车	台	10	
10	零件车	台	10	
11	磁吸	支	10	
12	尖嘴钳	把	10	
13	鲤鱼钳	把	10	
14	气门弹簧压缩器	台	10	
15	塑料线规	套	10	
16	支架百分表	套	10	
17	游标卡尺	把	10	
18	外径千分尺（0～25 mm，25～50 mm，50～75 mm，75～100 mm）	把	各10	

续上表

序号	设备名称	单位	数量	备注
19	弹簧弹力检测仪	台	5	
20	刀形尺	把	10	
21	厚薄规	套	10	
22	量缸表	套	10	
23	水压机	台	2	
24	磁力探伤仪	台	2	
25	V 形铁	个	20	
26	连杆校验仪	台	5	
27	连杆弯曲校正仪	台	2	
28	活塞环扩张器	个	10	
29	活塞环压缩器	个	10	
30	手持式压力测试仪	个	10	冷却系统检测
31	数字万用表	个	10	共用
32	机油压力测试表	个	10	
33	汽缸压缩压力表	套	10	
34	汽缸泄漏检测仪	套	5	
35	发动机综合分析仪	台	1	共用
36	皮带测力器	个	5	
37	弹簧秤及直尺	个(把)	各 5	配套使用
38	机油滤清器扳手	套	5	
40	红外测温器	个	10	
41	发动机吊机	个	2	

10. 教学评价

本课程采用理论考核和实操考核相结合，过程评价与结果评价相结合的评价机制。理论考核采用笔试形式，考核内容侧重于分析发动机机械主要零件的耗损，理论考核占本门课程考核的比例为 30%。实操考核采用项目考核累计方式，每学期完成 2 次左右的抽签考试，要求学生在规定时间内完成对规定项目的规范操作，考核内容侧重于安全、环保、5S 理念及规范操作，过程考核占本门课程考核的比例为 70%。过程考核以小组学生的平时表现如工具清理、卫生清洁、学习工作态度、社会能力训练、方法能力训练等方面作为评价标准，结果考核以学生在规定时间内能否完成规定项目的规范操作作为评价标准。在实操考核的每个环节中，均采用“小组自评 + 小组互评 + 教师评价”的方式。考核中各部分考核分数按照表 3 – 3 所给出的比例进行计算。

表 3 – 3　专业课程考核与评价标准

考核方式	过程考核（70%）			理论考核（试卷）（30%）
	素质考核（10%）	实操考核（30%）	工作页考核（30%）	
实施方法	教师评价 + 小组评价	教师评价 + 小组评价 + 小组互评	教师评价	教考分离、统一组织
考核标准	安全、纪律、协作精神	任务计划；任务完成情况；操作过程；工具使用	预习内容；过程记录；分析	题型不少于以下 5 种，分数比例由命题教师自定，含填空题、选择题、判断题、名词解释、问答题、论述题
说明：造成设备损坏或人身伤害的项目计 0 分				

（二）“汽车底盘机械检修”课程标准

1. 课程名称

汽车底盘机械检修。

2. 适用专业

汽车类专业。

3. 课程性质

专业核心课程。

4. 课程设计

本课程设计基于汽车底盘典型工作任务，基本描述为：汽车机电维修工根据维修前台接待提供的维修工单，在规定的工时内以经济的方式，能按照专业要求规范地进行汽车底盘的维护和修理工作；能在工作过程中发现问题，并向维修接待或车间主任反馈必要的维修增项；能对汽车底盘的制动、悬架、转向、传动等各个系统常见故障进行就车维修或更换故障部件；能在一般汽车举升器工位上进行汽车底盘各个系统的维修；能正确选择工具检测诊断汽车底盘各个系统的常见故障；必要时可结合路试或底盘各种测试台进行诊断检测；能正确进行汽车底盘各个系统总成的拆卸及解体维修；能在汽车底盘各个系统总成修复后进行质量检验。维修生产中以小组或独立工作形式，正确使用设备、工具、仪器和汽车维修资料等。汽车机电维修工按照标准规范进行汽车底盘的维护或进行机械部分故障的诊断和修理，并对已完成的工作进行检查、分析、记录存档，自觉保持安全作业及5S工作要求。

本课程设计遵循以学生为中心的理念，以岗位能力培养为主线，采用岗位任务驱动模式，将“教、学、做”穿成一线，构建在做中教、在做中学的一体化模式。充分利用岗位任务来构建学习情境。以实际生产任务的方式提出学生应该完成的任务，将完成任务需要掌握的职业能力、职业素养、知识点融入任务之中，让学生带着任务参与教师的课堂教学。选择具有代表性的典型工作任务进行系统化加工，构建学习情境。学习情境要具有合理的梯度结构，能力要求由低到高，遵循学生的检测规律；贯彻以学生为主体的教学理念，为学生创造更多动手操作的机会，实现“教、学、做”一体化；采用任务驱动教学方法，学习小组接受老师安排的工作任务，在完成工作任务的过程中实现教学目标；强调学生的主动性，培养学生自我管理能力、分析问题和解决问题的能力。

根据典型工作任务与“教、学、做”相融合的教学实施一体化方法，汽车底盘机械检修的学习情境，包括：汽车底盘的维护、离合器总成及操纵机构的检修、手动变速器的修理、自动变速器的使用与维护、万向传动装置的维修、主减速器总成修理、车轮的检修与换位、悬架的检查与维修、车轮定位的检测、机械与助力转向系统的检查与维修、制动器的维修、真空助力装置的检查与修理、驻车制动系统的检查与调整、制动防抱死系统的检测与维修共14个情境，将安全意识、环保、6S理念、维修规范、操作流程、诊断流程、检测仪器应用融入其中，并采用任务工单和小组合作的方式培养学生独立解决问题的能力、具有团队合作等基本素养。

5. 课程教学目标

通过课程的学习，学生能规范使用汽车底盘各个系统维修所需的常用工具设备和专用工具设备。通过教师的指导，学生能够独立地进行部分学习任务的操作；部分工作任务在指导教师的演示和指导下能进行模拟演练。借助维修资料，以独立或小组合作的方式，学生能够制订和实施部分学习任务的维修计划，并能对工作质量做出正确的评价和反馈，记录和存档已完成的操作，自觉遵守5S管理和安全、环保的工作要求。

素质目标

（1）具有安全生产知识和责任意识，保证工作质量，提高顾客满意度；

（2）具有良好的沟通交流能力，与团队有效合作，提高工作效率；

（3）具有较强的自主学习能力，能够在工作岗位上有所革新和创新；

（4）具有吃苦耐劳的品质，做到爱岗敬业；

（5）具有较好的组织能力，能够通过信息的有效处理解决问题。

能力目标

（1）能掌握6S管理；

（2）能熟习维修前的准备事项；

（3）能按照专业要求规范地进行汽车底盘的维护和修理；

（4）能对汽车底盘各个系统的常见故障进行就车维修或更换故障部件；

（5）能在一般汽车举升器工位上进行汽车底盘各个系统的维修；
（6）能正确选择工具进行检测诊断汽车底盘各个系统的常见故障；
（7）能正确进行汽车底盘各个系统总成的拆卸及解体维修；
（8）能进行其他发动机电控系统的检修；
（9）能在汽车底盘各个系统总成修复后进行质量检验。

知识目标

（1）能叙述汽车底盘各个系统的组成及工作原理；
（2）能识别汽车底盘各个系统的类型及功用；
（3）能熟悉汽车底盘维护标准要求；
（4）能检修汽车制动系统，诊断制动系统故障；
（5）能检修汽车转向系统，诊断转向系统故障；
（6）能检修汽车行驶系统，诊断行驶系统故障；
（7）能检修汽车传动系统，诊断传动系统故障。

6. 参考学时与学分

教学课时：180 学时；学分：10。

7. 课程结构

课程结构见表 3－4。

表 3－4　课程结构

序号	学习任务	职业能力		知识、技能、态度要求	教学活动设计	课时
1	汽车底盘的维护	01　6S 管理	能认识汽车底盘维修工具、设备，阅读汽车底盘维护标准；能按照 6S 管理维护汽车底盘各个系统和保养设备，遵守规章制度，执行“三不落地”原则，按照标准着装	1. 叙述汽车传动系统的组成、各部件的作用及布置类型； 2. 叙述悬架与转向系统的作用，区分不同类型的悬架与转向系统； 3. 叙述制动系统的组成和分类； 4. 叙述制动液、助力转向器液等油液的特性，会安全使用油液	1. 传动、悬架、转向与制动系统的组成与功用认识，汽车底盘油液安全使用，汽车底盘（传动、悬架、转向、制动系统）维护标准查询，传动、悬架、转向与制动系统维护操作共四个教学活动； 2. 展示几种不同布置形式的汽车底盘，组织学生观摩	20

续上表

序号	学习任务	职业能力		知识、技能、态度要求	教学活动设计	课时
1	汽车底盘的维护	02　1维护	02－1－8：制动液（min-max） 02－1－9：液压离合器液（min-max）（如有配置） 02－1－10：助力转向液位（如有配置）	5. 查阅汽车维护的国家标准，解释传动、悬架、转向与制动系统维护的内容； 6. 根据维护规范，在教师指导下，对制动、悬架、转向与传动系统进行维护作业	3. 根据维护资料，查询汽车底盘，按照国家标准进行维护作业； 4. 根据难度要求，建议教师演示或讲解部分汽车底盘系统维护作业步骤和操作规范； 5. 建议安排学生分组在整车上实施维护作业，并注意汽车举升器的安全操作	20
		05－1底盘故障部件更换	05－1－1：熟习底盘部件基本结构、原理、特性，懂得底盘部件的更换方法、步骤和注意事项 05－1－2：正确拆装并归类 05－1－3：正确更换行驶系统部件 05－1－4：正确更换传动系统部件 05－1－5：正确更换转向系统部件 05－1－6：正确更换制动系统部件			
		75关键能力（通用能力、核心技能）	75－1－1：具有良好的沟通能力，表达清晰 75－5－1：团队合作 75－8－1：责任（安全）意识 75－11－3：任劳任怨、不怕辛劳			

续上表

序号	学习任务	职业能力		知识、技能、态度要求	教学活动设计	课时
2	离合器总成及操纵机构的检修	01　6S 管理	能认识汽车底盘维修工具、设备；能按照6S 管理检修离合器总成与操纵机构，正确保养设备，遵守规章制度，执行“三不落地”原则，按照标准着装	1. 叙述离合器总成及操纵机构的作用、分类与工作原理； 2. 能在整车上拆装离合器总成及操纵机构，能进行外观检查并识别其零部件； 3. 根据维修规范，在教师指导下，实施液压式离合器操纵机构的目检并进行离合器总泵、分泵的更换； 4. 根据维修规范，在教师指导下，完成液压式离合器操纵机构的排空、自由行程的检查与调整； 5. 在教师指导下，完成摩擦式离合器总成的拆卸、检修与安装； 6. 运用所学知识，分析离合器总成及操纵机构的典型故障原因	1. 设置离合器总成组成与功用认识，就车检查与拆装，液压式离合器总泵、分泵的更换，液压式离合器操纵机构的排空，自由行程的检查与调整，摩擦式离合器总成检修共六个教学活动； 2. 结合整车和台架来完成此学习任务，建议在整车上安排离合器踏板检查与调整的学习内容，在台架上完成离合器总泵和分泵的拆检； 3. 在进行就车拆卸和安装离合器（手动变速器）时应先安排学生观看相应车型拆装步骤的录像	16
		05 －1 底盘故障部件更换	05 －1 －1：熟习底盘部件基本结构、原理、特性，懂得底盘部件的更换方法、步骤和注意事项 05 －1 －2：正确拆装并归类 05 －1 －4：正确更换传动系统部件			
		05 －5 汽车传动系统检修	05 －5 －1：熟习汽车传动系统（电、液）的结构及工作原理 05 －5 －2：使用传动系统测试、检修设备 05 －5 －6：使用工量具检修离合器 05 －5 －3：检修、安装离合器（间隙、摩擦片变形、厚度）			
		05 －6 诊断传动系统故障	05 －6 －1：懂得传动系统原理及故障诊断方法 05 －6 －2：会运用专用工具和设备，诊断离合器故障			
		75 关键能力（通用能力、核心技能）	75 －1 －1：具有良好的沟通能力，表达清晰 75 －5 －1：团队合作 75 －8 －1：责任（安全）意识 75 －11 －3：任劳任怨、不怕辛劳			

续上表

<table>
<tr><th>序号</th><th>学习任务</th><th colspan="2">职业能力</th><th>知识、技能、态度要求</th><th>教学活动设计</th><th>课时</th></tr>
<tr><td rowspan="5">3</td><td rowspan="5">手动变速器的修理</td><td>01　6S 管理</td><td>能认识汽车底盘维修工具、设备；能按照 6S 管理检修手动变速器总成与操纵机构，正确保养设备，遵守规章制度，执行“三不落地”原则，按照标准着装</td><td rowspan="5">1. 认识手动变速器的各个组成部分；
2. 叙述齿轮变速器变扭的原理和手动变速器的功能；
3. 叙述换挡操纵机构与同步器的工作原理；
4. 在教师指导下，分析手动变速器的动力传动路线；
5. 根据维修规范，在教师指导下，实施手动变速器的解体维修与装复检查；
6. 根据维修规范，在教师指导下，对手动变速器的零件进行检查，并独立判断变速器零部件的可用性</td><td rowspan="5">1. 设置手动变速器零部件认识，动力传动路线及工作原理，拆卸、解体、零件检查，装复测试共四个教学活动；
2. 建议教师重点检查学生所画的动力传动示意图；
3. 各机构（如换挡操纵机构、同步器等）的工作原理，可以让学生在做中学，学中做，教师要及时答疑</td><td rowspan="5">18</td></tr>
<tr><td>05－1 底盘故障部件更换</td><td>05－1－1：熟习底盘部件基本结构、原理、特性，懂得底盘部件的更换方法、步骤和注意事项
05－1－2：正确拆装并归类
05－1－4：正确更换传动系统部件</td></tr>
<tr><td>05－5 汽车传动系统检修</td><td>05－5－1：熟习汽车传动系统（电、液）的结构及工作原理
05－5－2：使用传动系统测试、检修设备
05－5－4：检修手动变速器（维修手册）
05－5－7：使用工量具检修手动变速器</td></tr>
<tr><td>05－6 诊断传动系统故障</td><td>05－6－1：懂得传动系统原理及故障诊断方法
05－6－3：会运用专用工具和设备，诊断手动变速器故障</td></tr>
<tr><td>75 关键能力（通用能力、核心技能）</td><td>75－1－1：具有良好的沟通能力，表达清晰
75－5－1：团队合作
75－8－1：责任（安全）意识
75－11－3：任劳任怨、不怕辛劳</td></tr>
</table>

续上表

序号	学习任务	职业能力		知识、技能、态度要求	教学活动设计	课时
4	自动变速器的使用与维护	01 6S管理	能认识汽车底盘维修工具、设备；能按照6S管理使用自动变速器和正确保养设备，遵守规章制度，执行“三不落地”原则，按照标准着装	1. 分辨自动变速器的形式和查找自动变速器的识别码； 2. 叙述自动变速器结构、类型和基本组成； 3. 简述自动变速器的换挡原理，正确使用挡位； 4. 根据自动变速器类型正确选用ATF，在教师指导下，检查ATF油面高度和油质，结合油液状况分析故障原因； 5. 小组合作查阅维修资料，正确选用维修设备；在教师指导下，对自动变速器进行基本检查和调整	1. 设置自动变速器认识、工作原理与挡位使用分析、就车检查、油液检查与更换共四个教学活动； 2. 建议展示几种装备不同类型变速器的车辆，组织学生观摩； 3. 教师提出相关问题，学生带着问题就车获得一部分信息； 4. 另一部分信息由教师在专业教室进行演示讲解； 5. 学生分组进行模拟训练	6
		05－1底盘故障部件更换	05－1－1：熟悉底盘部件基本结构、原理、特性，懂得底盘部件的更换方法、步骤和注意事项 05－1－4：正确更换传动系统部件			
		05－5汽车传动系统检修	05－5－1：熟悉汽车传动系统（电、液）的结构及工作原理 05－5－2：使用传动系统测试、检修设备 05－5－5：检修、调整自动变速器（迟滞、失速实验等，维修手册） 05－5－8：使用工量具检修自动变速器			
		05－6诊断传动系统故障	05－6－4：诊断自动变速器故障			
		75关键能力（通用能力、核心技能）	75－1－1：具有良好的沟通能力，表达清晰 75－5－1：团队合作 75－8－1：责任（安全）意识 75－11－3：任劳任怨、不怕辛劳			

续上表

序号	学习任务	职业能力		知识、技能、态度要求	教学活动设计	课时
5	万向传动装置的维修	01　6S管理	能认识汽车底盘维修工具、设备；能按照6S管理检修万向传动装置，正确保养设备，遵守规章制度，执行“三不落地”原则，按照标准着装	1. 能叙述万向传动装置的组成、作用与种类； 2. 能识别前后驱动汽车传动轴，完成万向传动装置的基本检查； 3. 在教师指导下，完成前轮驱动轴拆卸与防尘套更换； 4. 根据维修规范，能分解、检查、更换和安装普通十字轴式万向节； 5. 运用所学知识分析万向传动装置的典型故障	1. 设置万向传动装置组成与功用认识、万向传动装置基本检查、前轮驱动轴拆卸与防尘套更换、普通十字轴式万向传动装置检修共四个教学活动； 2. 建议教师在台架上进行防尘套的更换，并强调工作安全； 3. 在台架上完成更换防尘套后可安排学生观看整车拆装防尘套的录像	8
		05－1底盘故障部件更换	05－1－1：熟悉底盘部件基本结构、原理、特性，懂得底盘部件的更换方法、步骤和注意事项 05－1－2：正确拆装并归类 05－1－4：正确更换传动系统部件			
		05－5汽车传动系统检修	05－5－1：熟悉汽车传动系统（电、液）的结构及工作原理 05－5－2：使用传动系统测试、检修设备 05－5－10：使用工量具检修万向传动装置			
		05－6诊断传动系统故障	05－6－1：懂得传动系统原理及故障诊断方法 05－6－5：会运用专用工具和设备，诊断万向传动装置故障			
		75关键能力（通用能力、核心技能）	75－1－1：具有良好的沟通能力，表达清晰 75－5－1：团队合作 75－8－1：责任（安全）意识 75－11－3：任劳任怨、不怕辛劳			

续上表

序号	学习任务	职业能力		知识、技能、态度要求	教学活动设计	课时
6	主减速器总成修理	01 6S管理	能认识汽车底盘维修工具、设备；能按照6S管理检修驱动桥，正确保养设备，遵守规章制度，执行“三不落地”原则，按照标准着装	1. 能叙述后轮驱动汽车驱动桥的组成及零部件作用； 2. 知道不同类型的驱动轴及驱动轴的固定方式； 3. 能叙述主减速器、差速器的作用及工作原理； 4. 能叙述防滑差速器的工作原理并能识别防滑差速器的类型； 5. 根据维修规范，在教师指导下，能完成分解、检查、装配及调整主减速器； 6. 根据维修规范，在教师指导下，能对主减速器、差速器的零件进行检修	1. 设置驱动桥（含主减速器、差速器、防滑差速器）的组成与功用认识，主减速器检查与调整，主减速器、差速器检修共三个教学活动； 2. 建议教师在讲解主减速器总成的解体、检查和调整方法，的同时进行演示讲解，强调啮合印痕的调整	12
		05－1底盘故障部件更换	05－1－1：熟悉底盘部件基本结构、原理、特性，懂得底盘部件的更换方法、步骤和注意事项 05－1－2：正确拆装并归类 05－1－4：正确更换传动系统部件			
		05－5汽车传动系统检修	05－5－1：熟悉汽车传动系统（电、液）的结构及工作原理 05－5－2：使用传动系统测试、检修设备 05－5－9：使用工量具检修驱动桥			
		05－6诊断传动系统故障	05－6－1：懂得传动系统原理及故障诊断方法			
		75关键能力（通用能力、核心技能）	75－1－1：具有良好的沟通能力，表达清晰 75－5－1：团队合作 75－8－1：责任（安全）意识 75－11－3：任劳任怨、不怕辛劳			

续上表

<table>
<tr><th>序号</th><th>学习任务</th><th colspan="2">职业能力</th><th>知识、技能、态度要求</th><th>教学活动设计</th><th>课时</th></tr>
<tr><td rowspan="7">7</td><td rowspan="7">车轮的检修与换位</td><td>01　6S管理</td><td>能认识汽车底盘维修工具、设备；能按照6S管理检修车轮与合理换位，正确保养设备，遵守规章制度，执行“三不落地”原则，按照标准着装</td><td rowspan="7">1. 了解轮胎的材料、组成和结构，识别轮胎的型号；
2. 能对轮胎进行日常检查和维护；
3. 能按规定的步骤和扭矩对车轮进行换位；
4. 根据维修规范，在教师指导下，能对轮胎进行修补和轮胎胎体的更换；
5. 根据维修规范，在教师指导下，能使用车轮动平衡仪对车轮进行动平衡检修</td><td rowspan="7">1. 设置轮胎组成型号认识、轮胎日常检查维护、车轮定期换位、轮胎的修补与更换、轮胎动平衡检测共五个教学活动。
2. 轮胎动平衡检测，建议分组进行操作，同时尽量采用视频示范操作要领</td><td rowspan="7">12</td></tr>
<tr><td>03－4 车轮周围的检查</td><td>03－4－1：检查轮胎胎压
03－4－4：轮胎的检查
03－4－6：拆卸轮胎
03－4－15：安装轮胎</td></tr>
<tr><td>05－1 底盘故障部件更换</td><td>05－1－1：熟悉底盘部件基本结构、原理、特性，懂得底盘部件的更换方法、步骤和注意事项
05－1－2：正确拆装并归类
05－1－3：正确更换行驶系统部件</td></tr>
<tr><td>05－4 汽车行驶系统检修</td><td>05－4－4：使用专用工具更换轮毂轴承
05－4－7：使用动平衡机进行车轮动平衡
05－4－8：使用拆胎机进行轮胎更换
05－4－9：正确对车轮进行定期换位</td></tr>
<tr><td>05－7 诊断行驶系统故障</td><td>05－7－2：会运用专用工具和设备，诊断车轮故障</td></tr>
<tr><td>75 关键能力（通用能力、核心技能）</td><td>75－1－1：具有良好的沟通能力，表达清晰
75－5－1：团队合作
75－8－1：责任（安全）意识
75－11－3：任劳任怨、不怕辛劳</td></tr>
</table>

续上表

<table>
<tr><th>序号</th><th>学习任务</th><th colspan="2">职业能力</th><th>知识、技能、态度要求</th><th>教学活动设计</th><th>课时</th></tr>
<tr><td rowspan="5">8</td><td rowspan="5">悬架的检查与维修</td><td>01 6S管理</td><td>能认识汽车底盘维修工具、设备；能按照6S管理检修悬架，正确保养设备，遵守规章制度，执行“三不落地”原则，按照标准着装</td><td rowspan="5">1. 叙述悬架的组成、类型、作用和工作原理；
2. 根据维修规范，能对悬架进行基本检查；
3. 根据维修规范，在教师的指导下，能实施悬架零部件检修及更换；
4. 根据维修规范，能对检修后的悬架进行质量检验；
5. 运用所学知识分析诊断悬架的典型故障原因</td><td rowspan="5">1. 设置悬架组成、类型与功用认识，悬架检查与检修，悬架更换与质量检验，悬架故障诊断与分析共四个教学活动；
2. 建议讲解演示典型悬架系统工作原理；
3. 以学生为中心，组织学生以讨论形式学习其他不同的悬架类型</td><td rowspan="5">12</td></tr>
<tr><td>05－1 底盘故障部件更换</td><td>05－1－1：熟悉底盘部件基本结构、原理、特性，懂得底盘部件的更换方法、步骤和注意事项
05－1－2：正确拆装并归类
05－1－3：正确更换行驶系统部件</td></tr>
<tr><td>05－4 汽车行驶系统检修</td><td>05－4－1：熟悉汽车悬挂系统（主动、被动）的结构及工作原理
05－4－2：使用悬挂系统测试、检修设备
05－4－3：按步骤测试、检修悬挂系统（维修手册）
05－4－6：使用工量具检修被动悬架</td></tr>
<tr><td>05－7 诊断行驶系统故障</td><td>05－7－1：懂得行驶系统原理及故障诊断方法
05－7－3：会运用专用工具和设备，诊断悬架故障</td></tr>
<tr><td>75 关键能力（通用能力、核心技能）</td><td>75－1－1：具有良好的沟通能力，表达清晰
75－5－1：团队合作
75－8－1：责任（安全）意识
75－11－3：任劳任怨、不怕辛劳</td></tr>
</table>

续上表

序号	学习任务	职业能力		知识、技能、态度要求	教学活动设计	课时
9	车轮定位的检测	01　6S管理	能认识汽车底盘维修工具、设备；能按照6S管理进行车轮定位检测，正确保养设备，遵守规章制度，执行“三不落地”原则，按照标准着装	1. 叙述车轮定位各参数的含义与作用； 2. 能完成车轮定位检测前的准备工作； 3. 在教师指导下，能利用车轮定位仪检测车轮定位参数； 4. 在教师指导下，能对车辆行驶状况进行故障分析并做车轮定位的检测与调整； 5. 参考维修规范，能独立制订其他车型车轮定位的检测与调整计划	1. 设置车轮定位各参数学习、车轮定位仪使用学习、车轮定位的检测与调整共三个教学活动； 2. 理论与实践一体化教学；分组讨论学习和完成各个教学活动； 3. 提供仪器使用说明书与维修手册，引导学生阅读，并使用说明书与维修手册进行工作指导	12
		05－1 底盘故障部件更换	05－1－1：熟悉底盘部件基本结构、原理、特性，懂得底盘部件的更换方法、步骤和注意事项			
		05－4 汽车行驶系统检修	05－4－1：熟悉汽车悬挂系统（主动、被动）的结构及工作原理 05－4－2：使用悬挂系统测试、检修设备 05－4－3：按步骤测试、检修悬挂系统（维修手册） 05－4－5：使用四轮定位仪进行车轮定位			
		05－7 诊断行驶系统故障	05－7－1：懂得行驶系统原理及故障诊断方法 05－7－3：会运用专用工具和设备，诊断悬架故障 05－7－5：会运用专用工具和设备，诊断行驶跑偏故障			
		75 关键能力（通用能力、核心技能）	75－1－1：具有良好的沟通能力，表达清晰 75－4－1：自主学习 75－5－1：团队合作 75－7－1：信息处理 75－8－1：责任（安全）意识 75－11－3：任劳任怨、不怕辛劳			

续上表

序号	学习任务	职业能力		知识、技能、态度要求	教学活动设计	课时
10	机械与助力转向系统的检查与维修	01 6S管理	能认识汽车底盘维修工具、设备；能按照6S管理检修机械与助力转向系统，正确保养设备，遵守规章制度，执行“三不落地”原则，按照标准着装	1. 叙述机械转向系统的组成、作用和工作原理； 2. 叙述转向器的类别及传动机构的结构； 3. 叙述液压助力转向系统的组成、各个零部件工作情况； 4. 叙述液压助力转向系统与电动助力转向系统的工作原理； 5. 能完成齿轮齿条式转向系统的就车检查； 6. 根据维修规范，在教师的指导下，完成对转向器总成的检修； 7. 在教师的指导下，能完成液压助力系统和转向器总成的检修，并更换助力转向系统的转向器；	设置机械转向系统组成功用认识、助力转向系统组成功用认识、齿轮齿条式转向系统的就车检查、转向器总成的检修、液压助力系统和转向器总成的检修、助力转向系统转向器的更换、转向沉重的故障排除、液压助力系统与电动助力转向系统的故障诊断共八个教学活动	18
		05－1底盘故障部件更换	05－1－1：熟悉底盘部件基本结构、原理、特性，懂得底盘部件的更换方法、步骤和注意事项 05－1－2：正确拆装并归类 05－1－5：正确更换转向系统部件			
		05－3汽车转向系统检修	05－3－1：熟悉汽车转向系统（电、液动力转向）的结构及工作原理 05－3－2：使用转向系统测试、检修设备 05－3－3：按步骤测试、检修转向系统（维修手册） 05－3－4：使用工量具检修转向器 05－3－5：使用工量具检修转向器助力泵 05－3－6：使用工量具检修转向系统传动部件 05－3－7：使用工具拆装方向盘及附件			

续上表

序号	学习任务	职业能力		知识、技能、态度要求	教学活动设计	课时
10	机械与助力转向系统的检查与维修	05－8 诊断转向系统故障	05－8－1：懂得转向系统原理及故障诊断方法 05－8－2：会运用专用工具和设备，诊断机械转向系统故障 05－8－3：会运用专用工具和设备，诊断液压助力转向系统故障 05－8－4：会运用专用工具和设备，诊断电动助力转向系统故障	8. 在教师的指导下，完成对转向系统转向沉重的故障排除； 9. 运用所学知识，对液压助力系统与电动助力转向系统进行检修与故障诊断		18
		75 关键能力（通用能力、核心技能）	75－1－1：具有良好的沟通能力，表达清晰 75－5－1：团队合作 75－8－1：责任（安全）意识 75－11－3：任劳任怨、不怕辛劳			
11	制动器的维修	01　6S 管理	能认识汽车底盘维修工具、设备；能按照6S 管理检修制动器与液压制动系统，正确保养设备，遵守规章制度，执行“三不落地”原则，按照标准着装	1. 叙述液压制动系统的工作原理； 2. 叙述制动器的组成及工作原理； 3. 叙述制动器的种类及其特点； 4. 能叙述制动主缸的组成、分类和工作原理； 5. 根据维修规范，在教师指导下，对盘（鼓）式制动器进行维护与检修	1. 设置盘式制动器、鼓式制动器、制动分泵、制动主缸的认识、拆卸、检查、修复与装复四个学习活动； 2. 让学生观察台架上不同类型的制动器，认识制动器的组成及不同类型制动器的结构特点	22
		05－1 底盘故障部件更换	05－1－1：熟悉底盘部件基本结构、原理、特性，懂得底盘部件的更换方法、步骤和注意事项 05－1－2：正确拆装并归类 05－1－6：正确更换制动系统部件			

续上表

序号	学习任务	职业能力		知识、技能、态度要求	教学活动设计	课时
11	制动器的维修	05－2 汽车制动系统检修	05－2－1：熟悉汽车各类制动系统（例如，真空加力和电子控制防抱死等系统）的结构及工作原理 05－2－2：使用制动系统测试、检修设备 05－2－3：测试、判断制动系统性能 05－2－4：按步骤检修、排除制动故障（维修手册） 05－2－5：使用工量具检修制动总泵 05－2－6：使用工量具检修制动分泵 05－2－8：使用工量具检修制动盘（鼓）、制动摩擦片	6. 根据维修规范，在教师指导下，对制动分泵和制动主缸进行解体与检修； 7. 依据检查结果，确定制动分泵、主缸的修理，并能装配和安装制动分泵、主缸； 8. 分析制动分泵、制动主缸故障对制动性能的影响	3. 学生以小组合作的方式分别对盘式制动器、鼓式制动器的制动分泵和制动主缸进行检修	22
		05－9 诊断制动系统故障	05－9－1：懂得制动系统原理及故障诊断方法 05－9－2：会运用专用工具和设备，诊断常规制动系统故障			
		75 关键能力（通用能力、核心技能）	75－1－1：具有良好的沟通能力，表达清晰 75－5－1：团队合作 75－8－1：责任（安全）意识 75－11－3：任劳任怨、不怕辛劳			

续上表

序号	学习任务	职业能力		知识、技能、态度要求	教学活动设计	课时
12	真空助力装置的检查与修理	01　6S管理	能认识汽车底盘维修工具、设备；能按照6S管理检修制动系统真空助力装置，正确保养设备，遵守规章制度，执行“三不落地”原则，按照标准着装	1. 叙述真空助力装置的作用、结构与工作原理； 2. 根据维修规范，独立地对真空助力装置进行检测； 3. 查阅维修手册，规范地更换真空助力器； 4. 能分析制动助力失效的原因	1. 设置真空助力装置检查与修理一个教学活动； 2. 通过真空助力装置的功能试验导入课程学习； 3. 学生以小组合作的方式进行真空助力装置结构工作原理的认识、检修与更换	6
		05－1底盘故障部件更换	05－1－1：熟悉底盘部件基本结构、原理、特性，懂得底盘部件的更换方法、步骤和注意事项 05－1－2：正确拆装并归类 05－1－6：正确更换制动系统部件			
		05－2汽车制动系统检修	05－2－1：熟悉汽车各类制动系统（例如，真空加力和电子控制防抱死等系统）的结构及工作原理 05－2－2：使用制动系统测试、检修设备 05－2－3：测试、判断制动系统性能 05－2－4：按步骤检修、排除制动故障（借助维修手册）			
		05－9诊断制动系统故障	05－9－1：懂得制动系统原理及故障诊断方法 05－9－2：会运用专用工具和设备，诊断常规制动系统故障			
		75关键能力（通用能力、核心技能）	75－1－1：具有良好的沟通能力，表达清晰 75－5－1：团队合作 75－8－1：责任（安全）意识 75－11－3：任劳任怨、不怕辛劳			

续上表

<table>
<tr><th>序号</th><th>学习任务</th><th colspan="2">职业能力</th><th>知识、技能、态度要求</th><th>教学活动设计</th><th>课时</th></tr>
<tr><td rowspan="5">13</td><td rowspan="5">驻车制动系统的检查与调整</td><td>01 6S 管理</td><td>能认识汽车底盘维修工具、设备；能按照 6S 管理检修驻车制动系统与合理调整，正确保养设备，遵守规章制度，执行“三不落地”原则，按照标准着装</td><td rowspan="5">1. 叙述驻车制动系统的作用、种类及工作原理；
2. 查阅国家标准对驻车制动性能的要求；
3. 查阅维修手册，检查驻车制动系统的操纵和传动机构；
4. 查阅维修手册，独立完成对驻车制动系统的调整；
5. 能运用驻车制动报警灯电路，解释当驻车制动警报灯亮时必须停车检查的原因</td><td rowspan="5">1. 设置驻车制动系统结构认识与操纵力的传递路线、驻车制动系统检查与调整两个教学活动；
2. 让学生观察驻车制动系统的组成及驻车操纵力的传递路线；
3. 学生以小组合作的方式进行驻车系统调整和驻车警报灯电路检查</td><td rowspan="5">6</td></tr>
<tr><td>05 －1 底盘故障部件更换</td><td>05 －1 －1：熟悉底盘部件基本结构、原理、特性，懂得底盘部件的更换方法、步骤和注意事项
05 －1 －2：正确拆装并归类
05 －1 －6：正确更换制动系统部件</td></tr>
<tr><td>05 －2 汽车制动系统检修</td><td>05 －2 －1：熟悉汽车各类制动系统（例如，真空加力和电子控制防抱死等系统）的结构及工作原理
05 －2 －2：使用制动系统测试、检修设备
05 －2 －3：测试、判断制动系统性能
05 －2 －4：按步骤检修、排除制动故障（借助维修手册）
05 －2 －9：使用工量具检修驻车制动器</td></tr>
<tr><td>05 －9 诊断制动系统故障</td><td>05 －9 －1：懂得制动系统原理及故障诊断方法
05 －9 －2：会运用专用工具和设备，诊断常规制动系统故障</td></tr>
<tr><td>75 关键能力（通用能力、核心技能）</td><td>75 －1 －1：具有良好的沟通能力，表达清晰
75 －5 －1：团队合作
75 －8 －1：责任（安全）意识
75 －11 －3：任劳任怨、不怕辛劳</td></tr>
</table>

续上表

序号	学习任务	职业能力		知识、技能、态度要求	教学活动设计	课时
14	制动防抱死系统的检测与维修	01　6S 管理	能认识汽车底盘维修工具、设备；能按照 6S 管理检修制动防抱死系统以及简单的故障诊断，正确保养设备，遵守规章制度，执行“三不落地”原则，按照标准着装	1. 能叙述制动防抱死系统（ABS）的作用、组成及各组成部分的作用； 2. 能理解制动防抱死系统的工作原理及故障码的功用； 3. 能使用手持式汽车诊断计算机读取和清除制动防抱死系统故障码； 4. 能识读制动防抱死系统电路图，并可根据电路图进行系统电路检查； 5. 检查轮速传感器，必要时进行清洁或更换； 6. 使用手持式汽车诊断计算机检查制动压力调节器； 7. 检查 ABS 电控单元，必要时对电控单元进行重新编码	1. 设置制动防抱死系统组成功用认识、读取故障码、零件拆卸检修、电路检查、压力调节器检查、故障诊断与分析共六个教学活动； 2. 通过有 ABS 和无 ABS 的制动系统性能比较学习 ABS 原理； 3. 学生以小组合作的方式对制动防抱死系统进行认识与检测	12
		05 －1 底盘故障部件更换	05 －1 －1：熟悉底盘部件基本结构、原理、特性，懂得底盘部件的更换方法、步骤和注意事项 05 －1 －7：正确更换底盘电控系统部件			
		05 －2 汽车制动系统检修	05 －2 －1：熟悉汽车各类制动系统（例如，真空加力和电子控制防抱死等系统）的结构及工作原理 05 －2 －2：使用制动系统测试、检修设备 05 －2 －3：测试、判断制动系统性能 05 －2 －4：按步骤检修、排除制动故障（借助维修手册） 05 －2 －7：使用诊断仪和万用表检测制动防抱死系统（ABS）制动压力调节器			
		05 －9 诊断制动系统故障	05 －9 －1：懂得制动系统原理及故障诊断方法 05 －9 －3：会运用专用工具和设备，诊断制动防抱死系统（ABS）故障			
		75 关键能力（通用能力、核心技能）	75 －1 －1：具有良好的沟通能力，表达清晰 75 －4 －1：自主学习 75 －5 －1：团队合作 75 －7 －1：信息处理 75 －8 －1：责任（安全）意识 75 －11 －3：任劳任怨、不怕辛劳			

8. 资源开发与利用

（1）教材编写与使用。

课程采用自编教材。以广东省常见车型或维修设备为基础，按工作过程导向，以岗位任务引领编制教学情境。以故障案例为导引，在不同任务步骤中融入相应知识点、不同诊断设备及诊断检修方法。通过项目实施中过程的控制、注意事项的讲解、实施方法的引导，把“教、学、做”合为一体，更加注重学生技能的形成过程，适应中高职培养技能应用型人才的需要。

（2）数字化资源开发与利用。

多媒体教学方式已在教育中广泛应用。多媒体教学是指在教学过程中，根据教学目标和教学对象的特点，通过教学设计，合理选择和运用现代教学媒体，借助多种电子媒体如幻灯片、投影、录音、录像等，综合处理和控制符号、语言、文字、声音、图形、图像、影像等多种媒体信息，使师生共同参与教学全过程。多种媒体信息作用于学生，形成合理的教学过程结构，达到最优的教学效果。目前，通常所说的多媒体教学特指运用多媒体计算机并借助预先制作的多媒体教学软件来开展的教学活动过程。

网络课程就是通过网络表现的某门学科的教学内容及实施的教学活动的总和，是信息时代条件下课程的新表现形式。它包括按一定的教学目标、教学策略组织起来的教学内容和网络教学支撑环境。其中，网络教学支撑环境特指支持网络教学的软件工具、教学资源以及在网络教学平台上实施的教学活动。网络课程具有交互性、共享性、开放性、协作性和自主性等基本特征。

运用计算机来模拟汽车故障现象，让学生模拟扮演维修人员完成仿真车辆维修的教学方法，称为仿真教学。仿真教学能在很大程度上弥补客观条件的不足，为学生提供近似真实的训练环境，提高学生职业技能。

9. 教学建议

（1）教学方法。

本课程主要采用理论与实践一体化教学模式和以行动为导向的教学方法，具体方法如下：

建议本课程理论知识点采用课堂教学结合小组讨论教学的模式和方法；构造原理、操作技能采用视频教学和分组现场操作一体化的教学模式和工作过程系统化的行动导向的教学方法。

为保证教学安全和实践效果，建议每位指导教师负责组织和指导 15 ~ 20 个学生，学生分组，每组控制在 4 ~ 5 人。

教师在讲授或演示教学中，尽量使用多媒体教学设备，配备丰富的课件、解剖总成或零部件等教学辅助设备。

评价方式以学生自评为主，学生互评为辅，教师在评价过程中起引导调控作用。教师评价内容包括对学生学习过程的观察，根据学生自我评价和小组评价情况，给出总体评价和改善意见。自编教材是教学中的主线，其他学习资料是为教材服务的；学习资源可参阅《汽车底盘构造与维修》（周林福，人民交通出版社，2003）、《汽车构造（下册）（第四版）》（陈家瑞，人民交通出版社，2003）、《汽车构造原理与维修应用（底盘和附件篇）》（A. E. 斯卡沃勒尔，机械工业出版社，2004）、《汽车操纵与悬架系统》、《汽车制动系统》（詹姆斯·D. 霍尔德曼，小蔡斯·D. 米切尔，中国劳动社会保障出版社，2006）、《汽车手动传动系与驱动桥》（汤姆·伯奇，查克·罗克伍德著，中国劳动社会保障出版社，2006）、《手动变速器和驱动桥》《悬架和转向系统》《制动系统》（全国汽车维修专项技能认证技术支持中心编写组，教育科学出版社，2004）、《图文双解金杯海狮系列轻型客车结构与维修》（罗德伦，张凯良，机械工业出版社，2004）、《丰田培训手册——车轮定位及轮胎》（丰田汽车维修技术教育）《悬架系统及转向系统》（唐·诺里斯，杰克·尔贾维克，吉林科学技术出版社）、《怎样维修汽车 ABS、ASR 和 SRS 系统》（邯郸北方学校，机械工业出版社，2005）；丰田汽车底盘和金杯汽车底盘维修手册等资料。

在教材的实际使用中，可根据师资、学生、场地和设备等实际条件进行相应的调整，并结合本地区企业的生产实际和具体学习任务来调整教学时间和教学内容。

在学习组织形式与方法上，建议大部分学习任务的“学习准备”阶段采用课堂教学，部分采用独立学习；多数“计划与实施”阶段采用小组学习，明确小组负责人并定期更换。小组负责人类似于企业机电维修组组长，负责组内纪律管理、组织分工、工具设备含学习资料管理工作等。在学习过程中尽可能设置与企业一致的工作环境、工作步骤和要求，实训场地设有工具设备间和维修材料及配件间。

（2）教学条件。

教学场所中应设置理论教学区和实操教学区，在理论教学区中设置学习讨论区，配备课程中各学习任务所需的挂图、维修手册、维修资料和维修数据计算机查询系统。汽车底盘机械维修应基本配备的主要工具与设备如表 3－5。

表 3－5　汽车底盘机械维修的主要工具和设备

名称	规格	数量
汽车实物解剖车	部分剖切；能够展示汽车底盘总成安装位置、主要系统能通过人力或动力驱动；满足结构、原理教学需要	1 辆
总成实物解剖教具	由底盘各大总成实物剖制而成，能展示内部结构和零部件安装位置；满足结构、原理教学需要	1 套
转向系统及前桥总成	实物；零部件齐全	4 个
离合器总成（台架）	实物总成；零部件齐全	4 个

续上表

名称	规格	数量
手动变速器总成及翻转架	实物总成；零部件齐全；翻转架功能正常	4套
自动变速器总成及翻转架	实物总成；零部件齐全；翻转架功能正常	4套
传动轴	实物；零配件齐全	4个
后桥、悬架及车轮总成	实物台架；零配件齐全	4套
液压制动系统台架	实物台架；零配件齐全	4个
通用工具	与所选用底盘配套	8套
汽车底盘拆装专用工具	与所选用底盘配套	2个
量具	与所选用底盘配套	8个
轮胎拆装机及动平衡机	拆装轮胎演示和动平衡教学	1个
工作台	保证汽车底盘拆装实训零件和工具的摆放	4个
其他小型工量具、设备等	用于底盘机械系统的拆装、测量、检修和清洗	4套

10. 教学评价

学业评价：建议关注学生个体差异；注重学习过程的评价，借鉴企业对员工完成工作任务的评价内容和评价方式；在职业能力评价时注重专业能力（知识与技能）和关键能力内容的整合；采用自我评价、小组评价和教师评价相结合的评价方式。

自我评价内容包括学习任务中学习准备和计划实施部分的学习效果，特别是整个总成维修的项目和流程、工作页填写情况、维修资料的使用、安全操作和安全意识；小组评价内容包括工作页填写情况、沟通和协助能力、5S要求。教师评价内容包括学生运用所学知识进行知识迁移能力、学生自主学习的能力。

本课程采用理论考核和实操考核相结合，过程评价与结果评价相结合的评价机制。理论考核采用笔试形式，考核内容侧重于汽车底盘结构、零件、工作原理及应用、故障诊断、检查结果分析、故障分析与排除等，理论考核占本门课程考核的比例为30%。实操考核采用项目考核累计方式，每学期至少完成2个项目的抽签考试，要求学生在规定时间内完成对规定项目的规范操作，考核内容侧重于安全意识、环保、6S理念及规范操作，过程考核占本门课程考核的比例为70%。实操考核分为过程考核和结果考核两方面，过程考核以小组学生的平时表现如工具清理、卫生清洁、学习工作态度、社会能力训练、方法能力训练等作为评价标准，结果考核以学生在规定时间内完成规定项目的规范操作作为评价标准。

在实操考核的每个环节中，均采用“小组自评+小组互评+教师评价”的方式。考核中各部分考核分数按照表格3-6给出的比例进行计算。

表 3－6　专业课程考核与评价标准

考核方式	过程考核（70%）			理论考核（试卷）（30%）
	素质考核（10%）	实操考核（30%）	工作页考核（30%）	
实施方法	教师评价＋小组评价	教师评价＋小组评价＋小组互评	教师评价	教考分离、统一组织
考核标准	安全、纪律、协作精神	任务计划、任务完成情况、操作过程、工具使用、6S管理	预习内容、过程记录、分析	题型不少于以下5种（填空题、选择题、判断题、名词解释、问答题、论述题），分数比例由命题教师自定
说明：造成设备损坏或人身伤害的项目计0分				

（三）“新能源汽车检修”课程标准

1．课程名称

新能源汽车检修。

2．适用专业

中高职衔接的高职：汽车运用技术专业。

3．课程性质

高等职业院校汽车运用技术专业方向课程。

4．课程设计

课程设计遵循以学生为中心的理念，以岗位能力培养为主线，采用岗位任务驱动模式，将“教、学、做”穿成一线，构建在做中教、在做中学的一体化模式。

充分利用岗位任务来构建学习情境。以实际生产任务的方式提出学生应该完成的任务，将完成任务需要掌握的职业能力、职业素养、知识点融入任务之中，让学生带着任务参与教师的课堂教学。选择具有代表性的典型工作任务进行系统化加工，构建学习情境。学习情境要具有合理的梯度结构，能力要求由低到高，遵循学生的检测规律；贯彻以学生为主体的教学理念，为学生创造更多的动手操作机会，实现“教、学、做”一体化；采用任务驱动教学方法，学习小组接受老师安排的工作任务，在学生完成工作任务的过程中实现教学目标；强调学生的主动性，培养学生自我管理、分析问题和解决问题的能力。

根据以上方法，本课程构建了基于新能源汽车检修的学习情境，包括新能源汽车动力系统安装、调试，新能源汽车动力系统检测与检修，新能源汽车动力系统疑难故障分析诊断等3个情境，将6S管理、诊断流程、检测仪器应用融入教学情境，并采用任务工单和小组合作的方式培养学生独立解决问题的能力、具有团队合作等基本素养。

课程设计见表3－7。

表3－7　课程设计

<table>
<tr><th>学习情景</th><th>任务单元</th><th>教学地点</th><th colspan="2">参考学时</th></tr>
<tr><td rowspan="5">1. 新能源汽车动力系统安装、调试</td><td>1. 了解新能源汽车种类</td><td rowspan="3">多媒体教室</td><td rowspan="3">3</td><td rowspan="5">8</td></tr>
<tr><td>2. 掌握新能源汽车动力组成与结构</td></tr>
<tr><td>3. 遵守新能源汽车安全防护与操作要求</td></tr>
<tr><td>4. 能够选择正确的安装专用工具及设备</td><td rowspan="2">整车区</td><td rowspan="2">5</td></tr>
<tr><td>5. 能够按步骤完成新能源汽车动力系统安装、调试</td></tr>
<tr><td rowspan="5">2. 新能源汽车动力系统检测与维修</td><td>1. 熟悉新能源汽车的基本组成及结构原理</td><td rowspan="5">整车区（带投影）</td><td rowspan="5">5</td><td rowspan="5">5</td></tr>
<tr><td>2. 熟悉各种动力电池的工作原理及特点</td></tr>
<tr><td>3. 熟悉各种电动机的结构及工作原理</td></tr>
<tr><td>4. 能够选用正确的检修专用工具及设备</td></tr>
<tr><td>5. 能够排除新能源汽车动力电池或电机故障</td></tr>
<tr><td rowspan="3">3. 新能源汽车动力系统疑难故障分析诊断</td><td>1. 熟悉新能源汽车诊断思路</td><td rowspan="2">多媒体教室</td><td>2</td><td rowspan="3">10</td></tr>
<tr><td>2. 能够选用正确的诊断分析专用工具及设备</td><td>2</td></tr>
<tr><td>3. 诊断分析新能源汽车的综合故障</td><td>整车区</td><td>6</td></tr>
</table>

5．课程教学目标

通过本课程的学习，学生能够掌握新能源汽车原理与构造知识；掌握新能源汽车动力系统的安装、检测、调试技术；掌握新能源汽车混合动力和纯电动系统的安装、检测、调试技术；能排除新能源汽车特别是纯电动汽车和混合动力技术汽车常见故障；能进行新能源汽车的故障分析与排除和新能源汽车系统的生产工艺文件的制定。

素质目标

（1）具有安全生产知识和责任意识，保证工作质量，提高顾客满意度；

（2）具有良好的沟通交流能力，与团队有效合作，提高工作效率；

（3）具有较强的自主学习能力，能够在工作岗位上有所革新和创新；

（4）具有吃苦耐劳的品质，做到爱岗敬业；

（5）具有较好的组织能力，通过信息的有效处理解决问题。

能力目标

（1）掌握6S管理；

（2）知道维修前的准备事项；

（3）懂得使用专业工具与设备；

（4）懂得更换新能源汽车部件；

（5）能够进行新能源汽车动力系统检测与维修；

（6）能够诊断分析新能源汽车动力系统疑难故障。

6. 参考学时与学分

教学课时：64 课时；学分：4。

7. 课程结构

课程结构见表 3－8。

表 3－8　课程结构

序号	学习任务	职业能力		知识、技能、态度要求	教学活动设计	课时
1	新能源汽车动力系统的安装、调试	07－01	新能源汽车动力系统更换	1. 了解新能源汽车种类； 2. 掌握新能源汽车动力组成与结构； 3. 遵守新能源汽车安全防护与操作要求； 4. 能够选择正确的安装专用工具及设备； 5. 能够按步骤完成新能源汽车动力系统的安装、调试	设置维修前准备、安全防护操作、零部件更换、清洁现场四个活动	6
2	新能源汽车动力系统的检测与维修	07－02	新能源汽车动力系统检测	1. 熟悉新能源汽车的基本组成及结构原理； 2. 熟悉各种动力电池的工作原理及特点； 3. 熟悉各种电动机的结构及工作原理； 4. 能够选用正确的检修专用工具及设备； 5. 能够排除新能源汽车动力电池或电机故障	设置维修前准备、安全防护操作、零部件检测、零部件维修、清洁现场五个活动	6
		07－03	新能源汽车动力系统维修			

续上表

序号	学习任务	职业能力		知识、技能、态度要求	教学活动设计	课时
3	新能源汽车动力系统疑难故障的分析诊断	07－04	分析新能源汽车动力系统故障	1. 熟悉新能源汽车诊断思路； 2. 能够选用正确的诊断分析专用工具及设备； 3. 诊断分析新能源汽车的综合故障	设置维修前准备、安全防护操作、故障分析、故障诊断、故障排除、清洁现场六个活动	20
		07－05	诊断分析新能源汽车动力系统疑难故障			

8. 资源开发与利用

（1）教材编写与使用。

课程采用自编教材。以广东省常见的新能源汽车为基础，按工作过程导向，以岗位任务引领编制教学情境。以工作任务为导引，在不同任务步骤中融入相应知识点、不同诊断设备及诊断检修方法。通过项目实施中过程的控制、注意事项的讲解、实施方法的引导，把“教、学、做”合为一体，更加注重学生技能的形成过程，适应高职培养高技能应用型人才的需要。

（2）数字化资源开发与利用。

多媒体教学方式已在教育中广泛应用。多媒体教学是指在教学过程中，根据教学目标和教学对象的特点，通过教学设计，合理选择和运用现代教学媒体，借助多种电子媒体如幻灯片、投影、录音、录像等，综合处理和控制符号、语言、文字、声音、图形、图像、影像等多种媒体信息，使师生共同参与教学全过程。多种媒体信息作用于学生，形成合理的教学过程结构，达到最优的教学效果。目前，通常所说的多媒体教学特指运用多媒体计算机并借助预先制作的多媒体教学软件来开展的教学活动过程。

网络课程就是通过网络表现的某门学科的教学内容及实施的教学活动的总和，是信息时代条件下课程的新表现形式。它包括按一定的教学目标、教学策略组织起来的教学内容和网络教学支撑环境。其中，网络教学支撑环境特指支持网络教学的软件工具、教学资源以及在网络教学平台上实施的教学活动。网络课程具有交互性、共享性、开放性、协作性和自主性等基本特征。

运用计算机来模拟汽车故障现象，让学生模拟扮演维修人员完成仿真车辆维修的教学方法，称为仿真教学。仿真教学能在很大程度上弥补客观条件的不足，为学生提供近似真实的训练环境，提高学生职业技能。汽车仿真教学系统如图 3－3 所示。

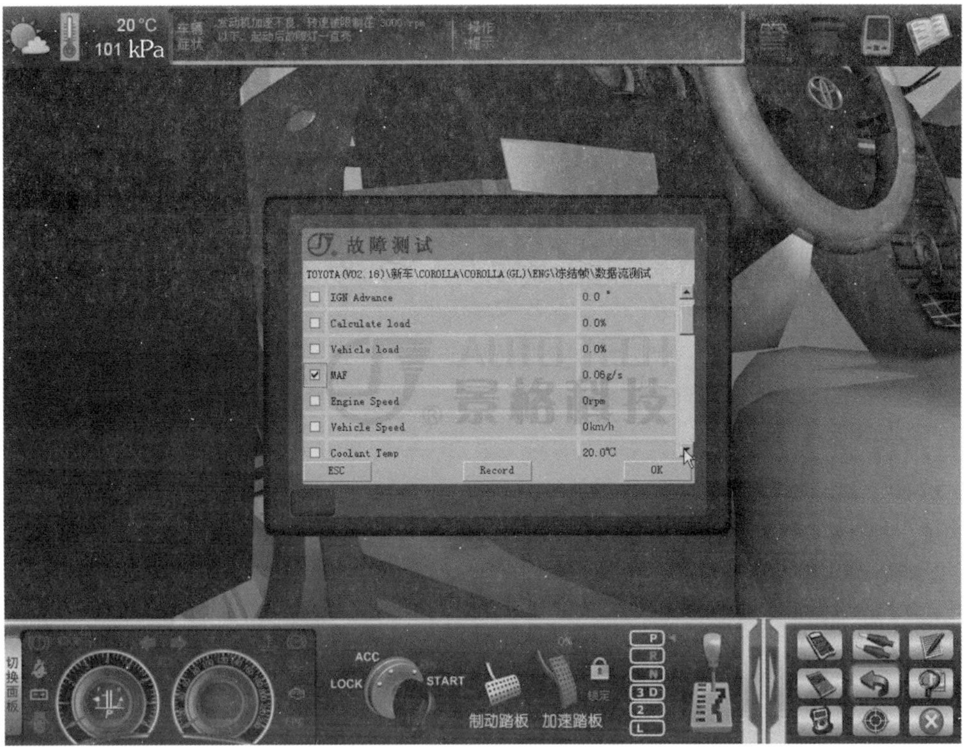

图 3－3　**汽车仿真教学系统**

9．教学建议

（1）教学方法。

本课程的理论知识点采用课堂教学结合小组讨论的教学模式和方法；构造原理、操作技能采用视频教学和分组现场教学一体化的教学模式和工作过程系统化的行动导向的教学方法；

为保证教学安全和实践效果，每位指导教师负责组织和指导 15～20 个学生，学生分组，每组控制在 4～5 人；

教师在讲授或演示教学中，应使用多媒体教学设备，配备丰富的课件、视频教学辅助设备；

评价方式以学生自评为主，学生互评为辅，教师在评价过程中起引导调控作用。教师要观察学生的学习过程，根据学生自我评价和小组评价情况，给出总体评价和改善意见。

（2）教学条件。

教学条件见表3－9。

表3－9　教学条件

	设备名称	规格	数量
新能源汽车检修实训室	电动汽车	纯电动汽车	1辆
	混合动力电动汽车	油电混合	1辆
	新能源汽车动力电池实物及解剖件	原车实物；功能正常	各1件
	新能源汽车驱动电机实物	原车实物；功能正常	各1件
	混合动力汽车动力系统总成及翻转架	原车实物；零部件齐全；翻转架功能正常	各1件
	混合动力汽车综合教学实训台	基于实车，零部件齐全；仪表齐全；具有电控系统电路图和电路检测点；具有诊断接口；能满足教学需要	1个
	纯电动汽车综合教学实训台	基于实车，零部件齐全；仪表齐全；具有电控系统电路图和电路检测点；具有诊断接口；能满足教学需要	1个
	电池管理系统实训台	可设置每块单体电池；可对电池系统进行充放电参数设置；具有电池参数测试传感器；可完成故障诊断实训	1个
	新能源汽车电动空调系统实训台	原车部件；配套部件齐全；可进行故障模拟	1个
	电动汽车充电桩	国标充电接口；交流充电模式	1个
	电动汽车充电设备实训台	原车部件；功能正常；可模拟故障教学	1个
	汽车故障诊断仪	与车型配套	1台
	新能源汽车维修专用工具	用于汽车的拆装、检查、测试、测量、故障排除	2套
	新能源汽车维修防护工具	用于新能源汽车维修安全防护	40套

10. 教学评价

本课程采用理论考核和实操考核相结合，过程评价与结果评价相结合的评价机制。理论考核采用笔试形式，考核内容侧重于汽车电控原理、检测结果分析、故障分析等，理论考核占本门课程考核的比例为30%。实操考核采用项目考核累计方式，每学期完成2次左右的抽签考试，要求学生在规定时间内完成对规定项目的规范操作，考核内容侧重于安全、环保、5S理念及规范操作，过程考核占本门课程考核的比例为70%。实操考核分为过程考核和结果考核两方面，过程考核以小组学生的平时表现如工具清理、卫生清洁、学习工作态度、社会能力训练、方法能力训练等作为评价标准，结果考核以学生在规定时间内完成规定项目的规范操作作为评价标准。在实操考核的每个环节中，均采用“小组自评＋小组互评＋教师评价”的方式。考核中各部分所占的考核比例按照表3－10所给出的比例进行计算。

表3－10　专业课程考核与评价标准

考核方式	过程考核（70%）			理论考核（试卷）（30%）
	素质考核（10%）	实操考核（30%）	工作页考核（30%）	
实施方法	教师评价＋小组评价	教师评价＋小组评价＋小组互评	教师评价	教考分离、统一组织
考核标准	安全、纪律、协作精神	任务计划；任务完成情况；操作过程；工具使用	预习内容；过程记录；分析	题型不少于以下5种，分数比例由命题教师自定填空题、选择题、判断题、名词解释、问答题、论述题
说明：造成设备损坏或人身伤害的项目计0分				

（四）“汽车电器设备检修”课程标准

1. 课程名称

汽车电器设备检修。

2. 适用专业

汽车类专业。

3. 课程性质

中等职业院校汽车运用技术专业核心课程。

4. 课程设计

本课程设计遵循以学生为中心，以升学为导向的理念，结合企业访谈、问卷调查和职业能力分析会，分析汽车售后服务岗位的专业知识、技能和服务态度——汽车售后服务的职业能力点，按照岗位能力职业培养为主线，通过选择具有代表性的企业工作任务进行系统化的加工，构建能够培养学生职业能力、职业素养和知识点的学习情境。同时，学习情境按人才职业成长（由外围到核心，从初学者到专家）的规律进行排列，具有合理的梯度结构，学习难度由易到难，职业能力要求从低到高；贯彻以学生为主体的教学理念，采用行动导向教学，学生接受老师安排的工作任务，在学生完成工作任务的过程中实现教学目标，做到“教、学、做”一体，最终实现做中学和学中做。强调学生的学习自主性，培养学生自我管理、分析问题和解决问题的能力。

本课程由汽车电器使用与维护、汽车电源系统检修、汽车起动系统检修、汽车传统点火系统检修、汽车照明与信号系统检修、汽车仪表与报警系统检修、汽车辅助电器检修、汽车手动空调检修和全车线路查找共9个学习情境组成，学生在完成学习情境的过程中，融入6S管理、工作结构原理、设备使用和诊断等专业知识与技能等专业能力，并采用任务工单和小组合作的方式，培养学生独立解决问题的能力、具有团队合作等基本素养，从而实现学生职业能力的培养。

5. 课程教学目标

通过对课程的学习，学生能够掌握汽车电器设备的正确使用、就车维护、工作原理、维修和检测等基本技识和基本技能，能正确使用汽车电器设备维修常用工具设备，借助维修手册读懂汽车电路图，分析汽车电路，诊断并排除汽车电器设备简单故障，为后续高职学段“汽车车身电控系统的检修”课程学习打下良好的基础。

素质目标

（1）具有安全生产知识和责任意识；

（2）具有良好的沟通交流能力和团队合作意识

（3）具有较强的自主学习能力；

（4）具有吃苦耐劳的品质，爱岗敬业；

（5）具有一定的外语应用能力（能读懂电路颜色英文缩写）。

能力目标

（1）掌握6S管理，指导维修前准备事项；

（2）懂得汽车电器设备的使用与维护；

（3）能对汽车电源系统进行拆装和检修；

（4）能对汽车起动系统进行拆装和检修；

（5）能对汽车传统点火系统进行拆装和检修；

（6）能对汽车照明信号、仪表、辅助电器拆装和检修；

（7）能对汽车手动空调进行拆装和检修；

（8）会查阅维修手册和技术通报，读懂并能分析汽车电路。

知识目标

（1）了解汽车电器设备发展趋势、组成和特点；

（2）熟悉汽车电器设备的结构、安装位置和作用；

（3）会描述汽车电路的表示方法；

（4）会描述汽车电源系统（蓄电池、发电器）工作原理和检修方法；

（5）会描述汽车起动系统的工作原理和检修方法；

（6）会描述汽车传统点火系统统的工作原理和检修方法；
（7）会描述汽车照明信号、仪表、辅助电器的工作原理和检修方法；
（8）会描述汽车手动空调的工作原理和检修方法。

6. 参考学时与学分

参考学时与学分见表3－11。

表3－11　参考学时与学分

序号	学习任务	职业能力		知识、技能、态度要求	教学活动设计	课时
1	汽车电器使用与维护	01　6S管理	能认识汽车电器维修工具、设备，阅读电器使用说明书；能按照6S管理维护车辆电器和保养设备，遵守规章制度，执行“三不落地”原则，按照标准着装	1. 叙述电器系统的发展历程； 2. 概括汽车电器设备的组成、安装位置与作用； 3. 能识别各种英文缩写； 4. 能正确操作汽车电器设备； 5. 能按照6S要求对汽车电器设备进行维护； 6. 能使用万用表； 7. 能为客户提供正确使用电器设备的建议； 8. 能按规范填写工单	设置汽车电器设备使用、维修前准备、汽车电器设备维护、维修单记录、客户使用建议共五个教学活动	8
		04－01维修前准备	能够按照标准进行车辆维护，在维护过程中能注意电器作业规范与安全，不随意断电，能认识汽车电器的英文缩写			
		02－1维护	能检查蓄电池接线柱有无松动、被腐蚀；蓄电池电压的检测、发动机舱主线束的固定装配			
		02－2起动发动机并预热	观察各种仪表、指示和各种功能的使用			
		02－4	02－4－3遥控装置的功能 02－4－6车内后视镜 02－4－7阅读灯 02－4－8室内灯 02－4－10车门开关、锁止功能 02－4－15行李箱照明灯			
		03－1室内检查	能操作并检查灯光照明系统、信号系统、仪表指示、电动后视镜、车窗、雨刮等车上电器			
		03－2外围的检查	检查灯光照明系统、信号系统、雨刮等电器			

续上表

<table>
<tr><th>序号</th><th>学习任务</th><th colspan="2">职业能力</th><th>知识、技能、态度要求</th><th>教学活动设计</th><th>课时</th></tr>
<tr><td rowspan="6">2</td><td rowspan="6">汽车电源系统检修</td><td>01 6S 管理</td><td>能认识汽车电器维修工具、设备，阅读电器使用说明书；能按照 6S 管理检修汽车电源系统和正确保养设备，遵守规章制度，执行“三不落地”原则，按照标准着装</td><td rowspan="6">1. 叙述蓄电池的工作原理、安装位置和作用；
2. 叙述发电机的工作原理、安装位置、作用和工作特性；
3. 能对蓄电池进行检测、充电和更换；
4. 识读充电系统电路图，分析与故障相关的因素；
5. 能实施交流发电机就车检查，并更换交流发电机；
6. 能实施交流发电机解体维修、装复及性能测试作业；
7. 能解释充电系统常见故障的原因；
8. 向顾客提供蓄电池使用建议</td><td rowspan="6">设置蓄电池的检查与更换、充电系统就车检查与更换、发电机解体维修、充电系统故障诊断与排除共四个教学活动</td><td rowspan="6">16</td></tr>
<tr><td>04 – 10 汽车蓄电池、充电系统及起动系统检测</td><td>能使用合适工具检测汽车充电/供电系统，能进行就车检查，并根据不同数据分析及评估系统的故障问题</td></tr>
<tr><td>06 – 2 充电系统及起动系统检修</td><td>能熟知充电系统的工作原理，并能对发电机进行解体维修</td></tr>
<tr><td>08 – 1 责任（安全）意识</td><td>有安全防护意识，了解危险品处理办法</td></tr>
<tr><td>11 – 1 吃苦耐劳</td><td>任劳任怨、不怕辛劳</td></tr>
<tr><td>01 – 1 沟通交流</td><td>具有良好的沟通能力，表达清晰</td></tr>
<tr><td rowspan="2">3</td><td rowspan="2">汽车起动系统检修</td><td>01 6S 管理</td><td>能认识汽车电器维修工具、设备，能按照 6S 管理检修起动系统，正确保养设备，遵守规章制度，执行“三不落地”原则，按照标准着装</td><td rowspan="2">1. 叙述起动机的结构和各元件的作用；
2. 描述电机的工作原理和工作特性；</td><td rowspan="2">设置起动解体维修、起动线路连接、起动性能测试及起动故障诊断四个教学活动</td><td rowspan="2">16</td></tr>
<tr><td>04 – 10 汽车蓄电池、充电系统及启动系统检测</td><td>能使用合适工具准确检测及量度汽车启动系统，能进行就车检查、并根据不同数据分析及评估系统的故障问题</td></tr>
</table>

续上表

序号	学习任务	职业能力		知识、技能、态度要求	教学活动设计	课时
3	汽车起动系统检修	06－6 充电及起动系统诊断	能熟知起动系统的工作原理，并能对起动机进行解体维修	3. 规范完成起动机解体维修、装复及性能测试作业； 4. 能够读懂起动机电路图； 5. 能运用万用表进行起动电路的检查和故障分析； 6. 起动机故障诊断		16
		06－1 电气元件更换	能完成起动机的更换			
		08－1 责任（安全）意识	能够使用防护工具，知道危险品处理方法，具备安全防护意识			
		11－1 吃苦耐劳	任劳任怨、不怕辛劳			
		01－1 沟通交流	具有良好的沟通能力，表达清晰			
4	汽车传统点火系统检修	01　6S 管理	能认识汽车电器维修工具、设备，能按照 6S 管理检修传统点火系统，正确保养设备，遵守规章制度，执行“三不落地”原则，按照标准着装	1. 叙述传统点火系统的组成和功能以及点火系统的发展趋势； 2. 能够区分点火系统的初级电路和次级电路，描述其工作过程； 3. 能描述分电器的工作原理，并能检修； 4. 检测判断传统点火系统各元件是否正常工作； 5. 能更换传统点火系各元件； 6. 规范地进行传统点火系统故障的诊断与排除； 7. 能阐述点火提前角的影响因素	设置传统点火系的连线与点火试验、分电器的检修、传统点火系统故障诊断与排除三个教学活动	106
		04－7 点火系统故障检修	能够了解点火系统的工作原理，能够对点火系统工作元件解体、检查、装复			
		08－1 责任（安全）意识	能够使用防护工具，知道危险品处理方法，具备安全防护意识			
		01－1 沟通交流	具有良好的沟通能力，表达清晰			

续上表

序号	学习任务	职业能力		知识、技能、态度要求	教学活动设计	课时
5	汽车照明与信号系统检修	01　6S 管理	能认识汽车电器维修工具、设备，能按照 6S 管理检修照明信号系统，正确保养设备，遵守规章制度，执行“三不落地”原则，按照标准着装	1. 叙述照明系统的组成、功能与工作过程； 2. 识读常规车型照明系统电路，查阅相关资料，分析照明系统故障的原因； 3. 实施计划，按专业要求独立或合作完成照明系统的电路检修； 4. 更换照明与信号系统的元件； 5. 调整前照灯的光束照射位置	设置电路图的阅读、照明系统电路检修、信号系统电路检修、照明系统元件更换和前照灯的对光调整五个教学活动	16
		06 －3 检修照明、信号及仪表系统	熟悉汽车照明、信号及仪表系统结构及工作原理，能使用检查工具对照明、信号进行检查			
		06 －7 诊断照明、信号及仪表系统故障	懂得照明、信号原理及故障诊断方法，会运用专用工具和设备诊断照明系统、信号故障			
		08 －1 责任（安全）意识	能够使用防护工具，安全防护意识			
		01 －1 沟通交流	具有良好的沟通能力，表达清晰			
6	汽车仪表和警报系统检修	01　6S 管理	能认识汽车电器维修工具、设备，能按照 6S 管理检修仪表和警报系统，正确保养设备，遵守规章制度，执行“三不落地”原则，按照标准着装	1. 叙述汽车仪表板的结构组成和功能； 2. 分析门控警告灯的工作原理； 3. 叙述机油压力报警灯、燃油指示、水温表的工作原理； 4. 叙述仪表指示的故障诊断与排除方法； 5. 能读懂仪表及报警系统电路	设置仪表系统中的燃油表或水温表的故障诊断一个教学活动	6
		06 －3 检修照明、信号及仪表系统	熟悉汽车仪表系统结构及工作原理，能使用检查工具对仪表进行检查			
		06 －7 诊断照明、信号及仪表系统故障	懂得仪表和警报及故障诊断方法，会运用专用工具和设备，检查仪表系统和报警系统故障			
		08 －1 责任（安全）意识	能够使用防护工具，有安全防护意识			
		01 －1 沟通交流	具有良好的沟通能力，表达清晰			

续上表

序号	学习任务	职业能力		知识、技能、态度要求	教学活动设计	课时
7	汽车辅助电器设备检修	01　6S 管理	能认识汽车电器维修工具、设备，能按照 6S 管理检修辅助电器系统，正确保养设备，遵守规章制度，执行“三不落地”原则，按照标准着装	1. 叙述刮水器、清洗器的组成和功能； 2. 叙述电动车窗、电动后视镜的组成和功能； 3. 分析电动刮水器变速刮水、间歇刮水与自动回位的工作原理； 4. 分析电动车窗和电动后视镜的工作过程； 5. 阅读电路图分析电动刮水、电动车窗系统和电动后视镜故障的原因； 6. 独立或合作完成辅助电器的电路检修； 7. 更换电动刮水系统的元件	设置电动刮水器的检修、电动刮水系统元件更换、电动车窗诊断和电动后视镜的故障诊断共四个教学活动	12
		06 －5 辅助电器系统检修	熟悉汽车辅助电器系统结构及工作原理，会检查各种开关、车窗和雨刮电机			
		06 －8 诊断辅助电器系统故障	懂得辅助电器系统原理及故障诊断方法，能检查电动后视镜、雨刮、车窗系统的故障			
		08 －1 责任（安全）意识	能够使用防护工具，有安全防护意识			
		01 －1 沟通交流	具有良好的沟通能力，表达清晰			
8	汽车空调检修	01　6S 管理	能认识汽车空调系统维修工具、设备，能按照 6S 管理检修空调系统，正确保养设备，遵守规章制度，执行“三不落地”原则，按照标准着装	1. 能描述空调系统的基本作用、基本组成和基本工作原理； 2. 正确使用汽车空调维修的各种专用仪器和工具； 3. 能叙述空调系统各组成的结构和工作原理	设置空调系统的回收加注、空调管理的拆卸与安装、空调电路连线、电磁离合器电路的故障诊断与排除共四个教学活动	16
		06 －4 空调系统检修	熟悉汽车空调系统的结构及工作原理，能够检修压缩机、鼓风机和线路的故障			
		06 －9 诊断空调系统故障	能运用空调原理和空调的故障诊断方法来诊断空调制冷循环系统、手动空调控制线路等故障			

续上表

序号	学习任务	职业能力		知识、技能、态度要求	教学活动设计	课时
8	汽车空调检修	08 －1 责任（安全）意识	能够使用防护工具，具备安全防护意识，知道油液的回收加注等处理方法	4. 知道制冷剂对大气环境破坏的影响，能正确使用制冷剂和冷冻油； 5. 能实施歧管压力表检测法检测与诊断制冷系统； 6. 查阅维修资料，实施手动空调电磁离合器电路故障排除		16
		01 －1 沟通交流	具有良好的沟通能力，表达清晰			
9	全车电路查找	07 －1 信息处理	能够查询电子目录，阅读电子维修手册	1. 能正确描述汽车电路图的表示方法； 2. 利用维修手册，能查找并分析汽车各个系统电路	设置原车维修手册电路查找、实车电路查询练习两个教学活动	8
		04 －1 自主学习	能够借助手册，读懂不同车系的汽车电路图，实现不同系列车型的知识的迁移			

7．课程结构

课程结构如图 3 －4 所示。

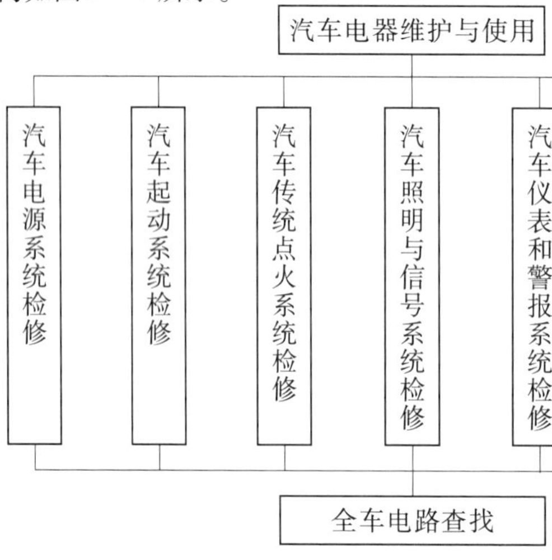

图 3 －4　课程结构

8. 资源开发与利用

（1）教材编写与使用。

①课程采用自编教材。教材编写贯彻“以职业能力培养为本位，以学生为主体，升学为导向”的理念，打破传统学科式教材编写框架，按照工作过程导向，以岗位工作任务为引领，编制教学情境。以故障案例为导引，在不同任务步骤中融入相应知识点、不同诊断设备及诊断检修方法。通过项目实施中过程的控制、注意事项的讲解、实施方法的引导，实施“教、学、做”一体，更加注重学生技能的形成过程，适应高职培养高技能应用型人才的需要。

②教材编写以广东省常见车型或维修设备为基础，教材内容的设计直观、明晰，多采用图表。教材知识点的难易程度与职业类学生学习能力相对应，实践内容考虑实训教学环境需求。

（2）数字化资源开发与利用。

①多媒体教学。

多媒体教学方式早已在教育中广泛应用。多媒体教学是指在教学过程中，根据教学目标和教学对象的特点，通过教学设计，合理选择和运用现代教学媒体，借助多种电子媒体如幻灯片、投影、录音、录像等，综合处理和控制符号、语言、文字、声音、图形、图像、影像等多种媒体信息，使师生共同参与教学全过程。多种媒体信息作用于学生，形成合理的教学过程结构，达到最优的教学效果。目前，通常所说的多媒体教学特指运用多媒体计算机并借助预先制作的多媒体教学软件来开展的教学活动过程。

②网络课程。

网络课程就是通过网络表现的某门学科的教学内容及实施的教学活动的总和，是信息时代条件下课程的新表现形式。它包括按一定的教学目标、教学策略组织起来的教学内容和网络教学支撑环境。其中，网络教学支撑环境特指支持网络教学的软件工具、教学资源以及在网络教学平台上实施的教学活动。网络课程具有交互性、共享性、开放性、协作性和自主性等基本特征。

③仿真教学。

运用计算机来模拟汽车故障现象，让学生模拟扮演维修人员完成仿真车辆维修的教学方法，称为仿真教学。仿真教学能在很大程度上弥补客观条件的不足，为学生提供近似真实的训练环境，提高学生职业技能。

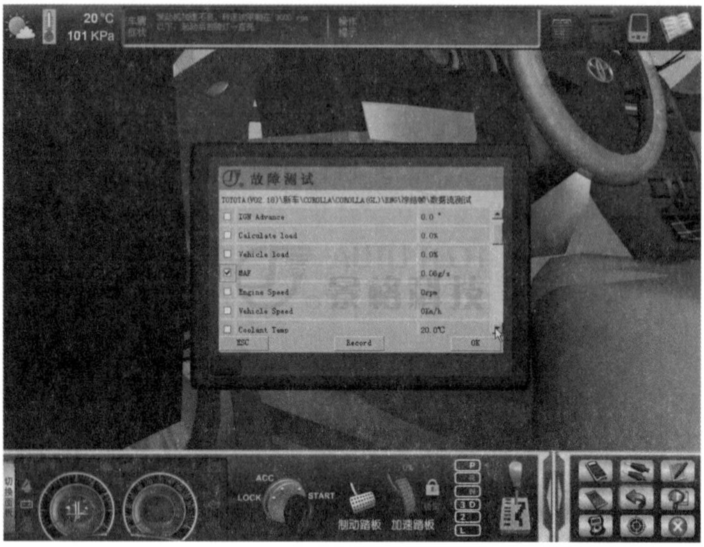

图 3－4　汽车仿真教学系统

9．教学建议

（1）教学方法。

①本课程的理论知识点采用课堂教学结合小组讨论的教学模式和方法；构造原理、操作技能采用视频教学和分组现场一体化的教学模式和工作过程系统化的行动导向的教学方法；

②为保证教学安全和实践效果，每位指导教师负责组织和指导 15～20 个学生，学生分组，每组控制在 4～5 人；

③教师在讲授或演示教学中，应使用多媒体教学设备，配备丰富的课件、视频教学辅助设备；

④评价方式以学生自评为主，学生互评为辅，教师在评价过程中起引导调控作用。教师要观察学生的学习过程，根据学生自我评价和小组评价情况，给出总体评价和改善意见。

（2）教学条件。

教学条件见表 3－12。

表 3－12　教学条件

设备名称	规格	数量
汽车蓄电池	解剖件和实物；包括常见各类蓄电池	8
充电机	为亏电蓄电池充电	1
交流发电机与电压调节器	实物；零部件齐全	10

续上表

设备名称	规格	数量
起动机	实物；零部件齐全	10
点火系统示教板	实物示教板；系统展示点火系统工作原理	2
点火系统部件	零部件齐全	2
照明、信号系统视教板	实物视教板；展示照明、信号系统功能原理；满足教学需要	2
仪表、报警灯及电子显示教板	实物视教板；展示仪表、报警灯及电子显示功能原理；满足教学需要	2
汽车手动空调系统教学实训台	实物台架；零部件齐全；满足手动空调教学原理	2
汽车手动空调系统部件	实物；部件齐全	2
空调制冷剂加注回收机及检漏、测压设备	实物；满足教学需要；电子检漏仪	1
实训车辆	满足整车电器相关教学及汽车辅助电器系统教学（包括电动刮水器、洗涤及除霜装置，电动汽油泵，电动车窗、天窗、电动后视镜及电动座椅，起动预热装置，汽车电器线路等）；车况良好	1
拆装工具及其他小型工量具、设备等	用于电气设备的拆装、测量、检修和清洗	4

10．教学评价

本课程采用理论考核和实操考核相结合，过程评价与结果评价相结合的评价机制。理论考核采用笔试形式，考核内容侧重于汽车电控原理、检测结果分析、故障分析等，理论考核占本门课程考核的比例为30%。实操考核采用项目考核累计方式，每学期完成2次左右的抽签考试，要求学生在规定时间内完成对规定项目的规范操作，考核内容侧重于安全、环保、5S理念及规范操作，过程考核占本门课程考核的比例为70%。实操考核分为过程考核和结果考核两方面，过程考核以小组学生的平时表现如工具清理、卫生清洁、学习工作态度、社会能力训练、方法能力训练等作为评价标准，结果考核以学生在规定时间内完成规定项目的规范操作为评价标准。在实操考核的每个环节中，均采用“小组自评+小组互评+教师评价”的方式。考核中各部分所占的考核比例按照表3－13所给出的比例进行计算。

表 3－13 专业课程考核与评价标准

考核方式	过程考核（70%）			理论考核（试卷）（30%）
	素质考核（10%）	实操考核（30%）	工作页考核（30%）	
实施方法	教师评价＋小组评价	教师评价＋小组评价＋小组互评	教师评价	教考分离、统一组织
考核标准	安全、纪律、协作精神	任务计划；任务完成情况；操作过程；工具使用	预习内容；过程记录；分析	题型不少于以下5种，分数比例由命题教师自定，含填空题、选择题、判断题、名词解释、问答题、论述题
说明：造成设备损坏或人身伤害的项目计0分				

（五）“汽车发动机电控系统检修”课程标准

1．课程名称

汽车发动机电控系统检修。

2．适用专业

中高职衔接的高职：汽车运用技术专业。

3．课程性质

高等职业院校汽车运用技术专业核心课程。

4．课程设计

课程设计遵循以学生为中心的理念，以岗位能力培养为主线，采用岗位任务驱动模式，将“教、学、做”穿成一线，构建在做中教、在做中学的一体化模式。

充分利用岗位任务来构建学习情境。以实际生产任务的方式提出学生应该完成的任务，将完成任务需要掌握的职业能力、职业素养、知识点融入任务之中，让学生带着任务参与教师的课堂教学。选择具有代表性的典型工作任务进行系统化加工，构建学习情境。学习情境要具有合理的梯度结构，能力要求由低到高，遵循学生的检测规律；贯彻以学生为主体的教学理念，为学生创造更多的动手操作机会，实现“教、学、做”一体化；采用任务驱动教学方法，学习小组接受教师安排的工作任务，在学生完成工作任务的过程中实现教学目标；强调学生的主动性，培养学生自我管理、分析问题和解决问题的能力。

根据以上方法，本课程构建了基于汽车发动机各系统电控故障的学习情境，包括进排气故障、点火系统故障、燃油系统故障、润滑系统故障、冷却系统故障、柴油机电控系统诊断等6个情境，将6S管理、诊断流程、检测仪器应用融入教学情境，并采用任务工单和小组合作的方式培养学生独立解决问题的能力、具有团队合作等基本素养。

表 3-14　课程设计

学习情景	任务单元	教学地点	参考学时
1. 汽油机燃料供给系统故障引起发动机无法启动	1. 现代汽车电控系统结构、故障诊断、检修技术概述	现场教学或仿真教学	12
	2. 现代汽车随车诊断系统		
	3. 汽车电控系统检修规范与基本步骤		
	4. 汽车电控系统电路原理图的阅读与使用		
	5. EFI 发动机电控燃油喷射系统组成与工作原理、故障检修思路与方法		
	6. ISC 电控发动机怠速控制系统组成与工作原理、故障检修思路与方法		
	7. 解码器的使用与燃油系统数据流分析		
	8. 汽车专用示波器的使用与燃油系统常见波形分析		
	9. 汽车专用万用表使用技术		
2. 进排气故障引发发动机难启动或怠速不稳	1. 进排气系统检修规范与基本步骤	多媒体教室、整车区	10
	2. 汽车电控系统电路原理图的阅读与使用		
	3. 发动机进排气电控系统构成与工作原理认识		
	4. 发动机进排气电控系统故障检修的正确思路与方法		
	5. 发动机进排气电控系统故障诊断		
	6. 解码器的使用与进气排气数据流分析		
	7. 汽车专用示波器的使用与常见波形分析		
3. 电控点火异常引起发动机难启动或无法启动	1. 进排气系统检修规范与基本步骤	现场	10
	2. 汽车电控系统电路原理图的阅读与使用		
	3. ESA 发动机电控点火提前控制系统组成与工作原理、故障检修思路与方法		
	4. 解码器的使用与点火系统数据流分析		
	5. 汽车专用示波器的使用与点火系统常见波形分析		
4. 润滑系统机油压力异常	1. 润滑系统检修规范与基本步骤	现场	8
	2. 润滑系统测试仪器使用		
	3. 润滑系统故障修复		

续上表

学习情景	任务单元	教学地点	参考学时
5. 发动机过热（/过冷）故障	1. 冷却润滑系统检修规范与基本步骤		8
	2. 冷却系统测试仪器使用		
	3. 冷却系统故障修复		
6. 电控柴油机故障	1. 冷却润滑系统检修规范与基本步骤	现场	16
	2. 电控柴油机系统组成与工作原理		
	3. 柴油机电控系统测试仪器使用		
	4. 柴油机常见数据流分析与波形诊断		

5. 课程教学目标

通过对课程的学习，学生能够掌握汽车发动机电控的基本理论知识，掌握正确的故障诊断方法；能够对汽车发动机电控系统常见故障现象进行总结，分析故障原因，查找故障部位，并对汽车发动机电控系统的重要部位进行检测和调整，具备对汽车发动机电控系统典型故障进行诊断、检测与排除的能力。

职业素养

（1）具有安全生产知识和责任意识，保证工作质量，提高顾客满意度；
（2）具有良好的沟通交流能力，能与团队有效合作，提高工作效率；
（3）具有较强的自主学习能力，能够在工作岗位上有所革新和创新；
（4）具有吃苦耐劳的品质，做到爱岗敬业；
（5）具有较好的组织能力，通过信息的有效处理解决问题。

能力目标

（1）掌握6S管理；
（2）知道维修前准备事项；
（3）懂得汽车进排气系统故障检修；
（4）懂得使用万用表检测线路；
（5）懂得检修、诊断燃油、点火系统故障；
（6）懂得诊断进排气系统故障；
（7）懂得使用冷却系统、润滑系统诊断和测试仪器设备诊断冷却、润滑系统故障；
（8）懂得检修其他发动机电控系统；
（9）提高团队合作、自主创新等关键能力。

6. 参考学时与学分

教学课时：72课时；学分：4。

7. 课程结构

课程结构见表3－15。

表3－15　课程结构

序号	学习任务	职业能力		知识、技能、态度要求	教学活动设计	课时
1	汽油机燃料供给系统故障引起发动机无法启动	01	6S管理	掌握6S基础知识；	故障说明 ⬇ 故障问诊 ⬇ 故障分析 ⬇ 故障检测 ⬇ 故障排除 ⬇ 质检报告 ⬇ 交车	16
		75	关键能力	1. 礼貌礼仪，与客户沟通的技巧； 2. 挖掘车辆日常使用过程的故障现象规律；检查信息记录文书； 3. 计算机基础及高等数学		
		04－1	维修前准备	1. 汽车电控系统结构、故障诊断、检修技术、性能参数； 2. 维修手册使用，电、机械相关基础知识； 3. 汽车电控系统检修规范与基本步骤； 4. 汽车电控系统电路原理图阅读与使用		
		04－15	发动机电控系统检修	1. 解码器的使用与数据流分析； 2. 汽车专用示波器使用与常见波形分析； 3. 汽车用压力表使用技术		
		04－05	汽车燃油供给系统故障检修	1. EFI发动机电控燃油喷射系统组成与工作原理； 2. EFI发动机电控燃油喷射系统故障检修思路与方法； 3. ISC电控发动机组成与工作原理、故障检修思路与方法； 4. 喷油嘴测试仪与清洗仪应用		

续上表

序号	学习任务	职业能力		知识、技能、态度要求	教学活动设计	课时
2	进排气故障引发发动机难启动或怠速不稳	04－06	诊断汽车进排气系统故障、系统故障检修	发动机进排气电控系统构成与工作原理认识	故障说明 ⬇ 故障问诊 ⬇ 故障分析 ⬇ 故障检测 ⬇ 故障排除 ⬇ 质检报告 ⬇ 交车	10
		04－13	诊断进排气系统故障	发动机进排气电控系统故障检修思路与方法		
3	3. 电控点火异常引起发动机难启动或无法启动	04－07	诊断点火系统故障检修	1. ESA发动机电控点火系统组成与工作原理； 2. ESA发动机电控点火系统故障检修思路与方法	故障说明 ⬇ 故障问诊 ⬇ 故障分析 ⬇ 故障检测 ⬇ 故障排除 ⬇ 质检报告 ⬇ 交车	10
		04－12	诊断燃油、点火系统故障			
4	4. 润滑系统机油压力异常	04－09－02	使用润滑系统诊断和测试仪器设备	1. 润滑系统诊断仪器原理； 2. 润滑系统常见故障与原因分析； 3. 润滑系统故障诊断与排除思路与方法	故障说明 ⬇ 故障问诊 ⬇ 故障分析 ⬇ 故障检测 ⬇ 故障排除 ⬇ 质检报告 ⬇ 交车	8
		04－14	诊断冷却、润滑系统故障			

续上表

<table>
<tr><th>序号</th><th>学习任务</th><th colspan="2">职业能力</th><th>知识、技能、态度要求</th><th>教学活动设计</th><th>课时</th></tr>
<tr><td rowspan="3">5</td><td rowspan="3">5. 发动机过热（/过冷）故障</td><td>04－08－02</td><td>使用冷却系统诊断和测试仪器设备</td><td rowspan="3">1. 冷却系统诊断仪器原理；
2. 冷却系统常见故障与原因分析；
3. 冷却系统故障诊断与排除思路与方法；
4. 汽车专用万用表使用技术</td><td rowspan="3">故障说明
↓
故障问诊
↓
故障分析
↓
故障检测
↓
故障排除
↓
质检报告
↓
交车</td><td rowspan="3">8</td></tr>
<tr><td>04－14</td><td>诊断冷却、润滑系统故障</td></tr>
<tr><td>04－09－04</td><td>使用万用表检测继电器、电子扇、温控开关</td></tr>
<tr><td>6</td><td>6. 电控柴油机故障</td><td>04－15</td><td>发动机电控系统检修</td><td>1. 电控柴油机组成与工作原理；
2. 电控柴油机系统故障检修思路与方法；
3. 柴油机电控系统测试仪器使用；
4. 柴油机常见数据流分析与波形诊断</td><td>故障说明
↓
故障问诊
↓
故障分析
↓
故障检测
↓
故障排除
↓
质检报告
↓
交车</td><td>20</td></tr>
</table>

8．资源开发与利用

（1）教材编写与使用。

课程采用自编教材。以广东省常见车型或维修设备为基础，按工作过程导向，以岗位任务引领编制教学情境。以故障案例为导引，在不同任务步骤中融入相应知识点、不同诊断设备及诊断检修方法。通过项目实施中过程的控制、注意事项的讲解、实施方法的引导，把“教、学、做”合为一体，更加注重学生技能的形成过程，适应高职培养高技能应用型人才的需要。

（2）数字化资源开发与利用。

①多媒体教学。

多媒体教学方式已在教育中广泛应用。多媒体教学是指在教学过程中，根据教学目标和教学对象的特点，通过教学设计，合理选择和运用现代教学媒体，借助多种电子媒体如幻灯片、投影、录音、录像等，综合处理和控制符号、语言、文字、声音、图形、图像、影像等多种媒体信息，使师生共同参与教学全过程。多种媒体信息作用于学生，形成合理的教学过程结构，达到最优的教学效果。目前，通常所说的多媒体教学特指运用多媒体计算机并借助预先制作的多媒体教学软件来开展的教学活动过程。

②网络课程。

网络课程就是通过网络表现的某门学科的教学内容及实施的教学活动的总和，是信息时代条件下课程的新表现形式。它包括按一定的教学目标、教学策略组织起来的教学内容和网络教学支撑环境。其中，网络教学支撑环境特指支持网络教学的软件工具、教学资源以及在网络教学平台上实施的教学活动。网络课程具有交互性、共享性、开放性、协作性和自主性等基本特征。

③仿真教学。

运用计算机来模拟汽车故障现象，让学生模拟扮演维修人员完成仿真车辆维修的教学方法，称为仿真教学。仿真教学能在很大程度上弥补客观条件的不足，为学生提供近似真实的训练环境，提高学生职业技能。汽车仿真教学系统如图 3－5 所示。

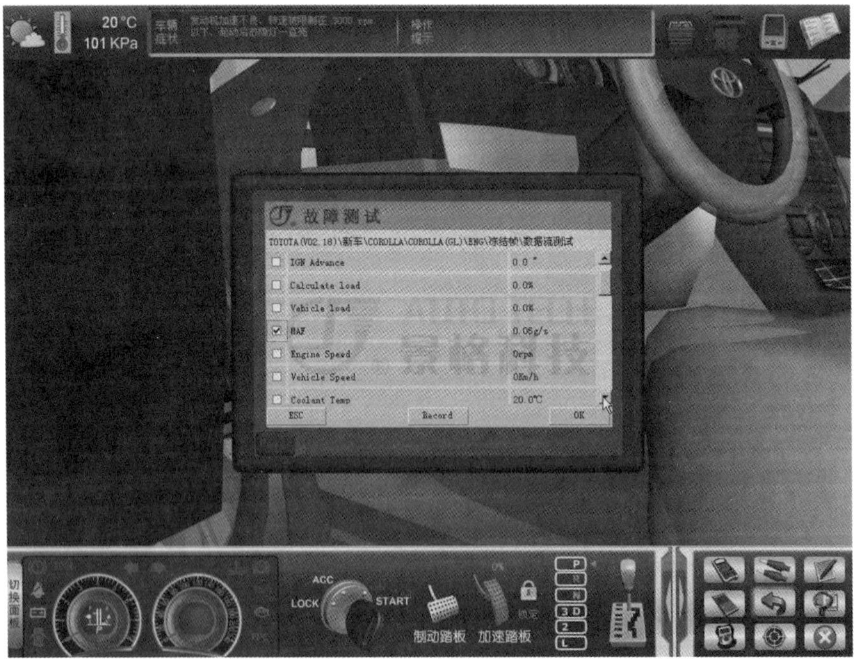

图 3－5　汽车仿真教学系统

9. 教学建议

（1）教学方法。

①本课程的理论知识点采用课堂教学结合小组讨论的教学模式和方法；构造原理、操作技能采用视频教学和分组现场教学一体化的教学模式和工作过程系统化的行动导向的教学方法；

②为保证教学安全和实践效果，每位指导教师负责组织和指导 15 ~20 个学生，学生分组，每组控制在 4 ~5 人；

③教师在讲授或演示教学中，应使用多媒体教学设备，配备丰富的课件、视频教学辅助设备；

④评价方式以学生自评为主，学生互评为辅，教师在评价过程中起引导调控作用。教师要观察学生的学习过程，根据学生自我评价和小组评价情况，给出总体评价和改善意见。

（2）教学条件。

教学条件见表 3 -16。

表 3 -16　教学条件

名称	主要工具和设施设备		
	名称	规格	数量
汽车发动机电控系统实训室	电控汽油发动机实训台或整车	实物，配有组合仪表、压力表等；具有直观的电控系统电路图和检测点；具有诊断接口；满足结构、原理、故障设置、诊断实训教学需要	2
	电控柴油发动机实训台	实物，配有组合仪表、压力表等；具有直观的电控系统电路图和检测点；具有诊断接口；满足结构、原理、故障设置、诊断实训教学需要	1
	汽油机柴油机测试工量具	满足汽缸压力、歧管压力、燃油压力、点火正时、转速、温度等参数测量	2
	手动真空泵	-100 ~0kPa	2
	汽车专用万用表	测量电路参数	2
	汽车示波器	双通道	4
	汽车故障计算机诊断仪	与发动机相适应	4
	汽车发动机喷油清洗监测仪	与发动机相适应	1
	柴油机喷油器检测仪	与发动机相适应	1
	喷油泵试验台	与发动机相适应	—

10. 教学评价

本课程采用理论考核和实操考核相结合，过程评价与结果评价相结合的评价机制。理论考核采用笔试形式，考核内容侧重汽车电控原理、检测结果分析、故障分析等，理论考核占本门课程考核的比例为30%。实操考核采用项目考核累计方式，每学期完成2次左右的抽签考试，要求学生在规定时间内完成对规定项目的规范操作，考核内容侧重于安全、环保、6S理念及规范操作，过程考核占本门课程考核的比例为70%。实操考核分为过程考核和结果考核两方面，过程考核以小组学生的平时表现如工具清理、卫生清洁、学习工作态度、社会能力训练、方法能力训练等作为评价标准，结果考核以学生在规定时间内完成规定项目的规范操作作为评价标准。在实操考核的每个环节中，均采用“小组自评+小组互评+教师评价”的方式。考核中各部分所占的考核比例按照表3-17所给出的比例进行计算。

表3-17　专业课程考核与评价标准

考核方式	过程考核（70%）			理论考核（试卷）（30%）
	素质考核（10%）	实操考核（30%）	工作页考核（30%）	
实施方法	教师评价+小组评价	教师评价+小组评价+小组互评	教师评价	教考分离、统一组织
考核标准	安全、纪律、协作精神	任务计划；任务完成情况；操作过程；工具使用	预习内容；过程记录；分析	题型不少于以下5种，分数比例由命题教师自定填空题、选择题、判断题、名词解释、问答题、论述题

说明：造成设备损坏或人身伤害的项目计0分

（六）“汽车底盘电控系统检修”课程标准

1. 课程名称

汽车底盘电控系统检修。

2. 适用专业

中高职衔接的高职：汽车运用技术专业。

3. 课程性质

高等职业院校汽车运用技术专业核心课程。

4. 课程设计

课程设计遵循以学生为中心的理念，以岗位能力培养为主线，采用岗位任务驱动模式，将“教、学、做”穿成一线，构建在做中教、在做中学的一体化模式。

充分利用岗位任务来构建学习情境。以实际生产任务的方式提出学生应该完成的任务，将完成任务需要掌握的职业能力、职业素养、知识点融入任务中，让学生带着任务参与教师的课堂教学。选择具有代表性的典型工作任务进行系统化加工，构建学习情境。学习情境要具有合理的梯度结构，能力要求由低到高，遵循学生的检测规律；贯彻以学生为主体的教学理念，为学生创造更多的动手操作机会，实现“教、学、做”一体化；采用任务驱动教学方法，学习小组接受老师安排的工作任务，在学生完成工作任务的过程中实现教学目标；强调学生的主动性，培养学生自我管理、分析问题和解决问题的能力。

根据以上方法，本课程构建了基于汽车底盘各系统电控故障的学习情境，包括故障诊断流程、诊断设备使用、电控传动系统故障、电控悬架系统故障、电控转向系统故障、制动电控系统故障、底盘故障综合分析等 7 个情境，将 6S 管理、诊断流程、检测仪器应用融入教学情境，并采用任务工单和小组合作的方式培养学生独立解决问题的能力、具有团队合作等基本素养。课程设计见表 3－18。

表 3－18　课程设计

<table>
<tr><th>学习情景</th><th>任务单元</th><th>教学地点</th><th colspan="2">参考学时</th></tr>
<tr><td rowspan="2">1. 故障诊断技术概述</td><td>1. 6S 管理，客户接待，沟通技巧</td><td>多媒体教室</td><td>2</td><td rowspan="2">4</td></tr>
<tr><td>2. 客户接待、客户问诊、维修单记录、维修前准备</td><td>整车区</td><td>2</td></tr>
<tr><td rowspan="4">2. 汽车故障诊断设备使用</td><td>1. 诊断仪的使用与数据流分析</td><td rowspan="4">整车区
（带投影）</td><td rowspan="4">8</td><td rowspan="4">8</td></tr>
<tr><td>2. 汽车专用示波器使用与常见波形分析</td></tr>
<tr><td>3. 汽车专用万用表使用技术</td></tr>
<tr><td>4. 底盘常见故障点的分析与确认</td></tr>
<tr><td rowspan="6">3. 传动系统故障诊断技术</td><td>1. 自动变速器 AT 的结构、原理</td><td rowspan="3">多媒体教室</td><td>4</td><td rowspan="6">16</td></tr>
<tr><td>2. 自动变速器检测试验</td><td>2</td></tr>
<tr><td>3. 无级变速器、双离合变速器</td><td>2</td></tr>
<tr><td>4. 自动变速器拆装实训</td><td rowspan="3">底盘实训室</td><td>4</td></tr>
<tr><td>5. 自动变速器检测试验</td><td>2</td></tr>
<tr><td>6. 无级变速器、双离合变速器实训</td><td>2</td></tr>
<tr><td rowspan="2">4. 悬架系统故障诊断技术</td><td>1. 电控悬架系统的结构、工作原理</td><td>多媒体教室</td><td>4</td><td rowspan="2">8</td></tr>
<tr><td>2. 电控悬架系统故障诊断实训</td><td>底盘实训室</td><td>4</td></tr>
</table>

续上表

学习情景	任务单元	教学地点	参考学时	
5. 制动电控系统故障诊断技术	1. 制动防抱死系统（ABS）的结构组成和工作原理	多媒体教室	2	12
	2. 制动防抱死辅助系统（BAS/EBD）的结构组成及工作原理		2	
	3. 制动防抱死辅助系统（ASR/ESP）的结构组成及工作原理		2	
	4. 制动电控系统实车、台架结构认识	底盘实训室	2	
	5. 制动电控系统故障诊断		4	
6. 电动助力转向系统故障诊断技术	1. 电液助力转向系统结构、原理分析	多媒体教室	2	8
	2. 电动助力转向系统结构、原理分析		2	
	3. 诊断电液助力转向系统故障	底盘实训室	2	
	4. 诊断电动助力转向系统故障		2	
7. 分析底盘系统故障	1. 故障诊断一般流程和方法	多媒体教室	2	8
	2. 电路图、维修手册等维修资料的使用		2	
	3. 底盘综合故障分析诊断	底盘实训室	4	

5. 课程教学目标

通过对课程的学习，学生能够掌握汽车底盘电控系统的基本理论知识，能够对汽车底盘电控常见故障现象进行总结，分析故障原因，查找故障部位；通过实训培养实践技能，学生能够掌握正确的故障诊断方法，能够对汽车底盘电控各系统的重要部位进行检测和调整，具备对汽车典型故障进行诊断、检测与排除的能力。

职业素质

（1）具有安全生产知识和责任意识，保证工作质量，提高顾客满意度；

（2）具有良好的沟通交流能力，与团队有效合作，提高工作效率；

（3）具有较强的自主学习能力，能够在工作岗位上有所革新和创新；

（4）具有吃苦耐劳的品质，做到爱岗敬业；

（5）具有较好的组织能力，通过信息的有效处理解决问题。

能力目标

（1）掌握 6S 管理；

（2）知道维修前的准备事项；

（3）懂得一般故障检修流程；

（4）懂得万用表、诊断仪、示波器等的使用；

（5）懂得检修、诊断传动系统故障；
（6）懂得检修、诊断悬架系统故障；
（7）懂得检修、诊断制动电控系统故障；
（8）懂得检修、诊断电控转向系统故障；
（9）懂得检修其他底盘电控系统；
（10）提高团队合作、自主创新等关键能力。

6. 参考学时与学分

教学课时：64 课时；学分：4。

7. 课程结构

课程结构见表 3－19。

表 3－19　课程结构

序号	学习任务	职业能力		知识、技能、态度要求	教学活动设计	课时
1	故障诊断技术概述	01	6S 管理	礼貌礼仪，与客户沟通的技巧；发现客户对车辆日常使用过程的故障现象规律。检查信息记录文书	设置客户接待、客户问诊、维修单记录、维修前准备四个教学活动	4
2	汽车故障诊断设备使用	05－10－01	底盘区分波形、数据流	汽车专用示波器使用与常见波形分析	利用示波器来分析轮速传感器、方向盘转角传感器的故障	8
		05－10－02	使用万用表检测底盘电控系统传感器及执行器	1. 汽车专业万用表的使用； 2. 汽车电路分析方法	1. 利用万用表来分析自动变速器换挡电磁阀、转矩传感器等的故障； 2. 利用万用表来分析底盘电路的开路、短路、短接到电源、短接到地的故障	
		05－10－03	确认底盘系统故障点	1. 底盘各诊断仪器的综合使用； 2. 维修资料的使用	利用各诊断仪器及维修资料确认底盘系统故障点	
		05－10－04	使用诊断仪器检修底盘电控系统故障	汽车诊断仪的使用及故障码的解析	利用诊断仪读取底盘电控系统故障码，并分析故障码	

续上表

序号	学习任务	职业能力		知识、技能、态度要求	教学活动设计	课时
3	传动系统故障诊断技术	05-05-05	检修、调整自动变速器（迟滞、失速实验等，维修手册）	1. 自动变速器的结构、原理； 2. 自动变速器的拆装； 3. 自动变速器的检修试验（迟滞、失速等）； 4. 自动变速器故障诊断； 5. 无级变速器结构、原理； 6. 双离合变速器结构、原理	1. 自动变速器结构、原理理论教学； 2. 自动变速器拆装实训； 3. 自动变速器检修试验现场教学； 4. 自动变速器故障诊断实训； 5. 无级变速器现场教学； 6. 双离合变速器现场教学	16
4	悬架系统故障诊断技术	05-07-03	会运用专用工具和设备，诊断悬架故障	1. 电控悬架系统构成与工作原理认识； 2. 电控悬架系统故障诊断	1. 电控悬架系统理论教学； 2. 电控悬架系统故障诊断实训	8
5	制动电控系统故障诊断技术	05-09-03	会运用专用工具和设备，诊断制动防抱死系统（ABS）故障	1. 制动防抱死系统（ABS）的结构组成和工作原理； 2. 制动防抱死辅助系统（BAS/EBD/ASR/ESP）的结构组成及工作原理； 3. 诊断制动防抱死系统（ABS）故障； 4. 诊断制动防抱死辅助系统（BAS/EBD/ASR/ESP）故障	1. 制动防抱死系统（ABS）的理论教学； 2. 制动防抱死辅助系统（BAS/EBD/ASR/ESP）的理论教学； 3. 诊断制动防抱死系统（ABS）故障实训； 4. 诊断制动防抱死辅助系统（BAS/EBD/ASR/ESP）故障实训	12
		05-09-04	会运用专用工具和设备，诊断制动防抱死辅助系统(BAS/EBD/ESP）故障			

续上表

序号	学习任务	职业能力		知识、技能、态度要求	教学活动设计	课时
6	电动助力转向系统故障诊断技术	05－08－04	会运用专用工具和设备，诊断电动助力转向系统故障	1. 电液助力转向系统结构、原理分析； 2. 电动助力转向系统结构、原理分析； 3. 诊断电液助力转向系统故障； 4. 诊断电动助力转向系统故障	1. 电液助力转向系统理论教学； 2. 电动助力转向系统理论教学； 3. 诊断电液助力转向系统故障实训； 4. 诊断电动助力转向系统故障实训	8
7	分析底盘系统故障	05－11－01	诊断分析自动变速器综合故障	1. 底盘各系统结构、原理的认识； 2. 故障诊断一般流程和方法； 3. 常用仪器、设备的认识及使用； 4. 电路图、维修手册等维修资料的使用； 5. 底盘各系统间内在联系的认识	1. 故障诊断一般流程和方法理论教学； 2. 电路图、维修手册等维修资料的使用理论教学； 3. 综合运用仪器、工具、维修资料等来诊断底盘综合故障	8
		05－11－02	诊断分析电控悬架系统综合故障			
		05－11－03	诊断分析电控驱动防滑/牵引力控制系统（ASR/TRC）综合故障			
		05－11－04	诊断分析车身电子稳定系统（ESP/VSC/VSA/DSC）故障			
		05－11－05	诊断分析电子防滑差速系统（EDS/EDL）故障			
		05－11－06	诊断分析底盘机械系统综合故障			
		05－11－07	诊断分析电涡流缓速器或液力缓速器综合故障			

8. 资源开发与利用

（1）教材编写与使用。

课程采用自编教材。以广东省常见车型或维修设备为基础，按工作过程导向，以岗位任务引领编制教学情境。以故障案例为导引，在不同任务步骤中融入相应知识点、不同诊断设备及诊断检修方法。通过项目实施中过程的控制、注意事项的讲解、实施方法的引导，把“教、学、做”合为一体，更加注重学生技能的形成过程，适应高职培养高技能应用型人才的需要。

（2）数字化资源开发与利用。

①多媒体教学。

多媒体教学方式已在教育中广泛应用。多媒体教学是指在教学过程中，根据教学目标和教学对象的特点，通过教学设计，合理选择和运用现代教学媒体，借助多种电子媒体如幻灯片、投影、录音、录像等，综合处理和控制符号、语言、文字、声音、图形、图像、影像等多种媒体信息，使师生共同参与教学全过程。多种媒体信息作用于学生，形成合理的教学过程结构，达到最优的教学效果。目前，通常所说的多媒体教学特指运用多媒体计算机并借助预先制作的多媒体教学软件来开展的教学活动过程。

②网络课程

网络课程就是通过网络表现的某门学科的教学内容及实施的教学活动的总和，是信息时代条件下课程的新表现形式。它包括按一定的教学目标、教学策略组织起来的教学内容和网络教学支撑环境。其中，网络教学支撑环境特指支持网络教学的软件工具、教学资源以及在网络教学平台上实施的教学活动。网络课程具有交互性、共享性、开放性、协作性和自主性等基本特征。

③仿真教学。

运用计算机来模拟汽车故障现象，让学生模拟扮演维修人员完成仿真车辆维修的教学方法，称为仿真教学。仿真教学能在很大程度上弥补客观条件的不足，为学生提供近似真实的训练环境，提高学生职业技能。汽车仿真教学系统如图 3 - 6。

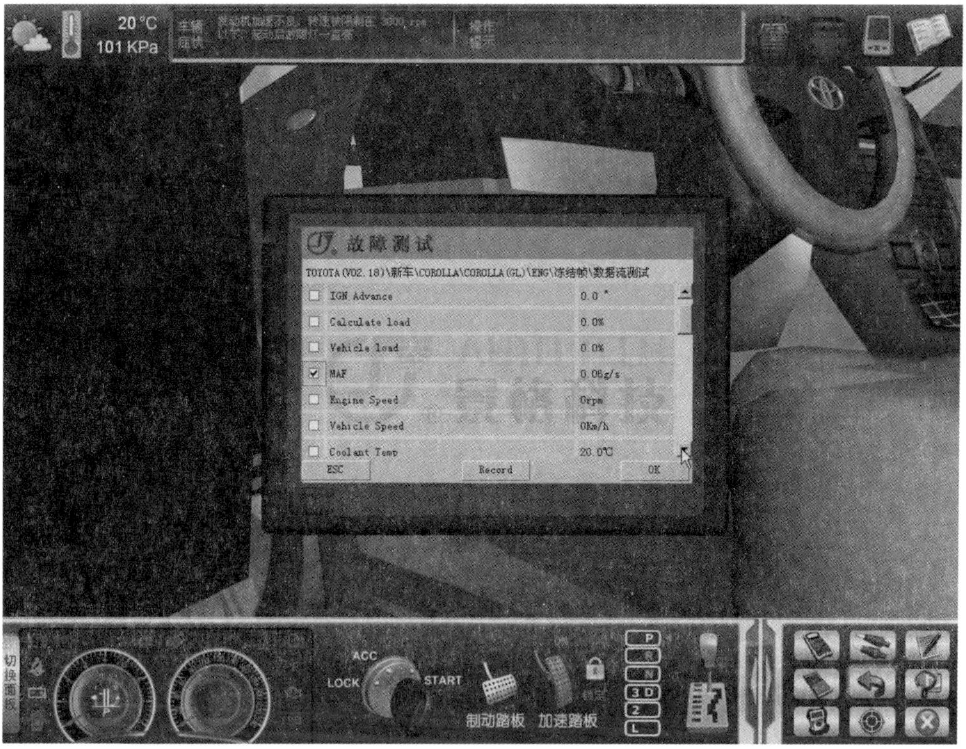

图 3－6　汽车仿真教学系统

9．教学建议

①本课程的理论知识点采用课堂教学结合小组讨论的教学模式和方法；构造原理、操作技能采用视频教学和分组现场教学一体化的教学模式和工作过程系统化的行动导向的教学方法；

②为保证教学安全和实践效果，每位指导教师负责组织和指导 15 ~ 20 个学生，学生分组，每组控制在 4 ~ 5 人；

③教师在讲授或演示教学中，应使用多媒体教学设备，配备丰富的课件、视频教学辅助设备；

④评价方式以学生自评为主，学生互评为辅，教师在评价过程中起引导调控作用。教师要观察学生的学习过程，根据学生自我评价和小组评价情况，给出总体评价和改善意见。

10．教学评价

本课程采用理论考核和实操考核相结合，过程评价与结果评价相结合的评价机制。理论考核采用笔试形式，考核内容侧重于汽车电控原理、检测结果分析、故障分析等，理论考核占本门课程考核的比例为 30%。实操考核采用项目考核累计方式，每学期完成 2 次左右的抽签考试，要求学生在规定时间内完成对规定项目的规范操作，考核内容侧重于安全、环保、5S 理念及规范操作，过程考核占本门课程考核的比例为 70%。过程考核以小组学生的平时表现如工具清理、卫生清洁、学习工作态度、社会能力训练、方法能力训练等方面作为评价标准，结果考核以学生在规定时间内完成规定项目的规范操作作为评价标准。在实操考核的每个环节中，均采用“小组自评 + 小组互评 + 教师评价”的方式。考核中各部分所占的考核比例按照表 3 – 20 所给出的比例进行计算。

表 3 – 20　专业课程考核与评价标准

考核方式	过程考核（70%）			理论考核（试卷）（30%）
	素质考核（10%）	实操考核（30%）	工作页考核（30%）	
实施方法	教师评价 + 小组评价	教师评价 + 小组评价	教师评价	教考分离、统一组织
考核标准	安全、纪律、协作精神	任务计划；任务完成情况；操作过程；工具使用	预习内容；过程记录；分析	题型不少于以下 5 种，分数比例由命题教师自定，含填空、选择、判断、名词解释、问答题、论述题
说明：造成设备损坏或人身伤害的项目计 0 分				

（七）“汽车车身电控系统检修”课程标准

1. 课程名称

汽车车身电控系统检修。

2. 适用专业

汽车类专业。

3. 课程性质

高等职业院校汽车运用技术专业核心课程。

4. 课程设计

本课程设计遵循以学生为中心的理念，以岗位能力培养为主线，采用岗位任务驱动模式，将“教、学、做”穿成一线，构建在做中教、在做中学的一体化模式。充分利用岗位任务来构建学习情境。以实际生产任务的方式提出学生应该完成的任务，将完成任务需要掌握的职业能力、职业素养、知识点融入任务中，让学生带着任务参与教师的课堂教学。选择具有代表性的典型工作任务进行系统化加工，构建学习情境。学习情境要具有合理的梯度结构，能力要求由低到高，遵循学生的检测规律；贯彻以学生为主体的教学理念，为学生创造更多的动手操作机会，实现“教、学、做”一体化；采用任务驱动教学方法，学习小组接受老师安排的工作任务，在学生完成工作任务的过程中实现教学目标；强调学生的主动性，培养学生自我管理、分析问题和解决问题的能力。

通过课程的学习，学生在掌握相关理论知识的基础上，能够按专业技术规范要求，使用通用工具、检测专用工具、设备和维修资料等；能够以小组合作的形式完成待修车辆车身与舒适控制系统，包括汽车车载网络系统、汽车空调系统、中控门锁与防盗系统、巡航控制系统、安全气囊系统、电动车窗、座椅及后视镜、汽车信息娱乐系统等方面的故障诊断以及元件检测和维修作业。课程设置见表 3－21。

表 3－21　课程设置

学习情景	任务单元	教学地点	参考学时	
汽车车身电路系统的识读与一般故障诊断和修复	汽车电路基础元件、基本知识	教室	2	8
	汽车电路识读	一体化教室	2	
	典型车系电路分析	一体化教室	2	
	汽车电路常用诊断与检修	一体化教室	2	
汽车空调系统的诊断与修复	汽车空调系统的结构与工作原理	一体化教室	2	10
	汽车空调的使用以及汽车空调系统的控制电路	一体化教室	2	
	自动空调的控制电路	一体化教室	2	
	制冷系统制冷剂的更换	一体化教室	2	
	空调系统常见故障的原因与诊断方法	一体化教室	2	
汽车组合仪表与信息显示系统的诊断与修复	各种仪表、指示灯的结构和工作原理	一体化教室	2	8
	组合仪表的电路分析	一体化教室	2	
	数字仪表及电子仪表板的工作原理和中央信息显示系统的组成及原理	一体化教室	2	
	汽车组合仪表与信息显示系统常见故障的原因与诊断方法	一体化教室	2	
汽车雨刮、除霜与洗涤系统的诊断与修复	汽车雨刮、除霜与洗涤系统的结构和工作原理	一体化教室	2	8
	典型车系汽车雨刮、除霜与洗涤系统的电路分析	一体化教室	2	
	汽车雨刮、除霜与洗涤系统常见故障的原因与诊断方法	一体化教室	4	

续上表

学习情景	任务单元	教学地点	参考学时	
汽车灯光与信号系统的诊断和修复	汽车灯光与信号系统部件、装置的结构和工作原理、典型车系灯光与信号系统的控制与电路分析	一体化教室	2	4
	汽车灯光与信号系统常见故障的原因与诊断方法	一体化教室	2	
汽车电动座椅、电动车窗、电动天窗、电动后视镜的诊断与修复	电动车窗的结构和工作原理、典型车系电动车窗控制与电路分析	一体化教室	2	10
	电动座椅的结构和工作原理、典型车系电动座椅控制与电路分析	一体化教室	2	
	电动天窗、电动后视镜的结构和工作原理、典型电动天窗、电动后视境控制与电路分析	一体化教室	2	
	汽车电动座椅、电动车窗、电动天窗、电动后视镜常见故障的原因与诊断方法	一体化教室	4	
汽车中央门锁与防盗系统的诊断与修复	汽车中央门锁与防盗系统的结构和工作原理	一体化教室	2	8
	汽车中央门锁与防盗系统的控制与电路分析	一体化教室	4	
	汽车中央门锁与防盗系统常见故障的原因与诊断方法	一体化教室	2	
汽车安全气囊与安全带系统的诊断与修复	汽车安全气囊与安全带系统的结构和工作原理	一体化教室	2	6
	汽车安全气囊与安全带系统的控制与电路分析	一体化教室	2	
	汽车安全气囊与安全带系统常见故障的原因与诊断方法	一体化教室	2	
汽车巡航控制系统的诊断与修复	汽车巡航控制系统的结构和工作原理	一体化教室	2	6
	汽车巡航控制系统的控制与电路分析	一体化教室	2	
	汽车巡航控制系统常见故障的原因与诊断方法	一体化教室	2	

续上表

学习情景	任务单元	教学地点	参考学时	
汽车电控悬架系统的诊断与修复	汽车电控悬架系统的结构和工作原理以及汽车电控悬架系统的控制与电路分析	一体化教室	2	4
	汽车电控悬架系统常见故障的原因与诊断方法	一体化教室	2	
汽车电控转向系统的诊断与修复	汽车电控转向系统的结构和工作原理	一体化教室	2	6
	汽车电控转向系统的控制与电路分析	一体化教室	2	
	汽车电控转向系统常见故障的原因与诊断方法	一体化教室	2	
汽车车载导航系统的诊断与修复	汽车车载导航系统的结构和工作原理	一体化教室	2	4
	汽车车载导航系统常见故障的原因与诊断方法	一体化教室	2	
汽车音响与通信系统的诊断与修复	汽车音响系统分类、结构和工作原理以及汽车音响的安装与使用	一体化教室	2	4
	汽车音响解码以及汽车音响系统常见故障的原因与诊断方法	一体化教室	2	
复习			2	2

5. 课程教学目标

通过对课程的学习，学生能够掌握汽车车身电控的基本理论知识，掌握正确的故障诊断方法；能够按专业技术规范要求，使用通用工具、检测专用工具、设备和维修资料等。能进行汽车车载网络系统、汽车空调系统、中控门锁与防盗系统、巡航控制系统、安全气囊系统、电动车窗、座椅及后视镜、汽车信息娱乐系统等方面的故障诊断以及元件检测和维修作业，对汽车车身电控系统常见故障现象进行总结，分析故障原因，查找故障部位并对汽车车身电控系统的重要部位进行检测和调整，具备对汽车车身电控系统典型故障进行诊断、检测与排除的能力。

职业素质

（1）具有安全生产知识和责任意识，保证工作质量，提高顾客满意度；

（2）具有良好的沟通交流能力，与团队有效合作，提高工作效率；

（3）具有较强的自主学习能力，能够在工作岗位上有所革新和创新；

（4）具有吃苦耐劳的品质，做到爱岗敬业；

（5）具有较好的组织能力，通过信息的有效处理解决问题。

能力目标

（1）能够遵守实训车间管理、检测规程；
（2）会查找相关中英文技术资料；
（3）能够正确使用维修工具、仪器、仪表，具备一定的技术数据分析的能力；
（4）能够安全生产和操作；
（5）能够按照维修手册操作规程制订检修计划；
（6）能够进行车辆诊断与修复前的准备工作；
（7）能够按照操作规范要求，完成汽车车身与舒适系统的诊断与修复工作；
（8）能够按照质量体系文件进行现场管理。

6. 参考学时与学分

教学课时：88 课时；学分：4；推荐学期：第 3 学期。

7. 课程结构

课程结构见表 3 – 22。

表 3 – 22　课程结构

序号	学习任务（单元、模块）	职业能力		知识、技能、态度要求	教学活动设计	课时
1	汽车车身电路系统的识读与一般故障诊断和修复	06 – 01	电气元件更换	1. 汽车车身电路的基本元件； 2. 汽车车身电路的基本知识； 3. 汽车车身电路的识读	1. 采用基于企业真实工作任务的项目教学法； 2. 理论知识点采用课堂教学结合小组讨论； 3. 设置汽车电器识别、电路图元件识别、汽车灯光识别及简单故障分析等教学环节	8
		06 – 05	辅助电器系统检修	1. 典型车系电路特点与分析； 2. 汽车车身电路常用诊断与检修方法； 3. 能够分析灯光控制系统常见的故障和原因		
		01	6S 管理	1. 能够严格遵守操作安全注意事项； 2. 能够正确使用维修工具、仪器、仪表； 3. 能够按照维修手册操作规程制订检修计划		
		75	关键能力（通用能力、核心技能）	能够以小组协作的方式完成修复作业		

续上表

序号	学习任务（单元、模块）	职业能力		知识、技能、态度要求	教学活动设计	课时
2	汽车空调系统的诊断与修复	06－04	空调系统检修	1. 汽车空调系统的结构与工作原理； 2. 汽车空调的使用； 3. 汽车空调系统的控制电路； 4. 自动空调的控制电路； 5. 制冷系统制冷剂的更换； 6. 空调系统常见故障的原因与诊断方法	1. 采用基于企业真实工作任务的项目教学法； 2. 采用视频教学和分组现场一体化教学； 3. 设置汽车空调使用维护、汽车空调简单检修、空调制冷剂加注、制冷剂泄漏检修等教学环节	10
		06－09	诊断空调系统故障	1. 能够分析汽车空调系统常见的故障和原因； 2. 能够按技术要求对空调系统主要元件进行检查、检修，以小组协作的方式完成修复作业		
		75	关键能力（通用能力、核心技能）	1. 能够严格遵守操作安全注意事项； 2. 能够正确使用维修工具、仪器、仪表； 3. 能够按照维修手册操作规程制订检修计划； 4. 能够以小组协作的方式完成制冷系统制冷剂的更换		
3	汽车组合仪表与信息显示系统的诊断与修复	06－07	诊断照明、信号及仪表系统故障	1. 各种仪表、指示灯的结构和工作原理； 2. 组合仪表的电路分析； 3. 数字仪表及电子仪表板的工作原理	1. 采用基于企业真实工作任务的项目教学法； 2. 采用视频教学和分组现场一体化教学；	8
		06－03	检修照明、信号及仪表系统	1. 能够分析组合仪表与信息显示系统常见的故障和原因； 2. 中央信息显示系统的组成及原理； 3. 汽车组合仪表与信息显示系统常见故障的原因与诊断方法		

续上表

序号	学习任务（单元、模块）	职业能力		知识、技能、态度要求	教学活动设计	课时
3	汽车组合仪表与信息显示系统的诊断与修复	75	关键能力（通用能力、核心技能）	1. 能够分析组合仪表与信息显示系统常见的故障和原因； 2. 能够严格遵守操作安全注意事项； 3. 能够正确使用维修工具、仪器、仪表； 4. 能够按照维修手册操作规程制订检修计划； 5. 能够按技术要求对电子仪表主要元件进行检查、检修，以小组协作的方式完成修复作业	3. 设置汽车组合仪表识别维护、汽车仪表简单故障检修、数字仪表常见故障检修等教学情境	8
4	汽车雨刮、除霜与洗涤系统的诊断与修复	06－05	辅助电器系统检修	1. 汽车雨刮、除霜与洗涤系统的结构和工作原理； 2. 典型车系汽车雨刮、除霜与洗涤系统的电路分析； 3. 汽车雨刮、除霜与洗涤系统常见故障的原因与诊断方法	1. 采用基于企业真实工作任务的项目教学法； 2. 理论知识点采用课堂教学结合小组讨论； 3. 构造原理、操作技能采用视频教学和分组现场一体化教学； 4. 设置汽车雨刮拆装、汽车除霜与洗涤系统结构原理认知、汽车除霜与洗涤系统简单故障判断检修	8
		75	关键能力（通用能力、核心技能）	1. 能够分析汽车雨刮、除霜与洗涤控制系统常见的故障和原因； 2. 能够严格遵守操作安全注意事项； 3. 能够正确使用维修工具、仪器、仪表； 4. 能够按照维修手册操作规程制订检修计划； 5. 能够按技术要求对汽车雨刮、除霜与洗涤系统主要元件、电路进行检查、检修，以小组协作的方式完成修复作业		

续上表

序号	学习任务（单元、模块）	职业能力		知识、技能、态度要求	教学活动设计	课时
5	汽车灯光与信号系统的诊断与修复	06－03	检修照明、信号及仪表系统	1．汽车灯光与信号系统部件、装置的结构和工作原理； 2．典型车系灯光与信号系统的控制与电路分析； 3．汽车灯光与信号系统常见故障的原因与诊断方法	1．采用基于企业真实工作任务的项目教学法； 2．理论知识点采用课堂教学结合小组讨论； 3．构造原理、操作技能采用视频教学和分组现场一体化教学； 4．设置汽车灯光识别调整、汽车灯光电路图识别、汽车灯光简单故障检修教学环境	4
		06－07	诊断照明、信号及仪表系统故障	1．能够分析灯光与信号控制系统常见的故障和原因； 2．能够按技术要求对汽车灯光与信号系统主要元件、电路进行检查、检修，以小组协作的方式完成修复作业		
		75	关键能力（通用能力、核心技能）	1．能够严格遵守操作安全注意事项； 2．能够正确使用维修工具、仪器、仪表； 3．能够按照维修手册操作规程制订检修计划		
6	汽车电动座椅、电动车窗、电动天窗、电动后视镜的诊断与修复	06－05	辅助电器系统检修	1．电动座椅、电动车窗、电动天窗、电动后视镜的结构和工作原理； 2．典型汽车电动座椅、电动车窗、电动天窗、电动后视镜的控制与电路分析； 3．汽车电动座椅、电动车窗、电动天窗、电动后视镜常见故障的原因与诊断方法	1．采用基于企业真实工作任务的项目教学法； 2．理论知识点采用课堂教学结合小组讨论；	10

续上表

序号	学习任务（单元、模块）	职业能力		知识、技能、态度要求	教学活动设计	课时
6	汽车电动座椅、电动车窗、电动天窗、电动后视镜的诊断与修复	06－08	诊断辅助电器系统故障	1. 能够分析汽车电动座椅、电动车窗、电动天窗、电动后视镜常见的故障和原因； 2. 能够按技术要求对汽车电动座椅、电动车窗、电动天窗、电动后视镜主要元件、电路进行检查、检修，以小组协作的方式完成修复作业	3. 构造原理、操作技能采用视频教学和分组现场一体化教学； 4. 设置电动座椅、电动车窗、电动天窗、电动后视镜的结构认知和拆装、电动座椅、电动车窗、电动天窗、电动后视镜的结构认知和拆装简单故障检查检修	10
		75	关键能力（通用能力、核心技能）	1. 能够严格遵守操作安全注意事项； 2. 能够正确使用维修工具、仪器、仪表； 3. 能够按照维修手册操作规程制订检修计划		
7	汽车中央门锁与防盗系统的诊断与修复	06－10	分析电器系统故障	1. 中央门锁与防盗系统的结构和工作原理； 2. 汽车中央门锁与防盗系统的控制与电路分析； 3. 汽车中央门锁与防盗系统常见故障的原因与诊断方法	1. 采用基于企业真实工作任务的项目教学法； 2. 理论知识点采用课堂教学结合小组讨论；	8
		75	关键能力（通用能力、核心技能）	1. 能够分析汽车中央门锁与防盗系统常见的故障和原因； 2. 能够严格遵守操作安全注意事项； 3. 能够正确使用维修工具、仪器、仪表		

续上表

序号	学习任务（单元、模块）	职业能力		知识、技能、态度要求	教学活动设计	课时
7	汽车中央门锁与防盗系统的诊断与修复	06－10	分析电器系统故障	1. 中央门锁与防盗系统的结构和工作原理； 2. 汽车中央门锁与防盗系统的控制与电路分析； 3. 汽车中央门锁与防盗系统常见故障的原因与诊断方法	3. 构造原理、操作技能采用视频教学和分组现场一体化教学； 4. 设置中控门锁结构认知、电路检修；中控门锁简单故障判断检修等教学环节	8
		75	关键能力（通用能力、核心技能）	1. 能够分析汽车中央门锁与防盗系统常见的故障和原因； 2. 能够严格遵守操作安全注意事项； 3. 能够正确使用维修工具、仪器、仪表； 4. 能够按照维修手册操作规程制订检修计划； 5. 能够按技术要求对汽车中央门锁与防盗系统主要元件、电路进行检查、检修，以小组协作的方式完成修复作业		
8	汽车安全气囊与安全带系统的诊断与修复	06－08	诊断辅助电器系统故障	1. 汽车安全气囊与安全带系统的结构和工作原理； 2. 汽车安全气囊与安全带系统的控制与电路分析； 3. 汽车安全气囊与安全带系统常见故障的原因与诊断方法	1. 采用基于企业真实工作任务的项目教学法； 2. 理论知识点采用课堂教学结合小组讨论； 3. 构造原理、操作技能采用视频教学和分组现场一体化教学； 4. 设置汽车安全气囊结构及电路认知、汽车安全气囊检修维护等教学环节	6
		75	关键能力（通用能力、核心技能）	1. 能够按照维修手册操作规程制订检修计划； 2. 能够按技术要求对汽车安全气囊与安全带系统主要元件、电路进行检查、检修，以小组协作的方式完成修复作业		

续上表

序号	学习任务（单元、模块）	职业能力		知识、技能、态度要求	教学活动设计	课时
9	汽车巡航控制系统的诊断与修复	06－10	分析电器系统故障	1. 汽车巡航控制系统的结构和工作原理； 2. 汽车巡航控制系统的控制与电路分析； 3. 汽车巡航控制系统常见故障的原因与诊断方法	1. 采用基于企业真实工作任务的项目教学法； 2. 理论知识点采用课堂教学结合小组讨论； 3. 构造原理、操作技能采用视频教学和分组现场一体化教学； 4. 设置汽车巡航控制结构认知及电路认知，汽车巡航简单故障检修	4
		75	关键能力（通用能力、核心技能）	1. 能够分析汽车巡航控制系统常见的故障和原因； 2. 能够严格遵守操作安全注意事项； 3. 能够正确使用维修工具、仪器、仪表； 4. 能够按照维修手册操作规程制订检修计划； 5. 能够按技术要求对汽车巡航控制系统主要元件、电路进行检查、检修，以小组协作的方式完成修复作业		
10	汽车电控悬架系统的诊断与修复	06－10	分析电器系统故障	1. 汽车电控悬架系统的结构和工作原理； 2. 汽车电控悬架系统的控制与电路分析； 3. 汽车电控悬架系统常见故障的原因与诊断方法	1. 采用基于企业真实工作任务的项目教学法； 2. 理论知识点采用课堂教学结合小组讨论； 3. 构造原理、操作技能采用视频教学和分组现场一体化教学	6
		06－11	诊断分析电器系统疑难故障	1. 能够分析电控悬架控制系统常见的故障和原因； 2. 能够按技术要求对汽车电控悬架系统主要元件、电路进行检查、检修，以小组协作的方式完成修复作业		

续上表

序号	学习任务（单元、模块）	职业能力		知识、技能、态度要求	教学活动设计	课时
10	汽车电控悬架系统的诊断与修复	75	关键能力（通用能力、核心技能）	1. 能够严格遵守操作安全注意事项； 2. 能够正确使用维修工具、仪器、仪表； 3. 能够按照维修手册操作规程制订检修计划	设置电控悬架结构认知及电路图；电控悬架故障简单拆装	6
11	汽车电控转向系统的诊断与修复	06－10	分析电器系统故障	1. 汽车电控转向系统的结构和工作原理； 2. 汽车电控转向系统的控制与电路分析； 3. 汽车电控转向系统常见故障的原因与诊断方法	1. 采用基于企业真实工作任务的项目教学法； 2. 理论知识点采用课堂教学结合小组讨论； 3. 构造原理、操作技能采用视频教学和分组现场一体化教学； 4. 设置汽车电控转向系统的结构及电路认知；汽车电控转向系统简单故障检修	6
		06－11	诊断分析电器系统疑难故障	1. 能够分析电控转向控制系统常见的故障和原因； 2. 能够按技术要求对汽车电控转向系统主要元件、电路进行检查、检修，以小组协作的方式完成修复作业		
		75	关键能力（通用能力、核心技能）	1. 能够严格遵守操作安全注意事项； 2. 能够正确使用维修工具、仪器、仪表； 3. 能够按照维修手册操作规程制订检修计划		
12	汽车车载导航系统的诊断与修复	06－08	诊断辅助电器系统故障	1. 汽车车载导航系统的结构和工作原理； 2. 汽车车载导航系统的控制与电路分析； 3. 汽车车载导航系统常见故障的原因与诊断方法	1. 采用基于企业真实工作任务的项目教学法； 2. 理论知识点采用课堂教学结合小组讨论；	4

续上表

序号	学习任务（单元、模块）	职业能力		知识、技能、态度要求	教学活动设计	课时
12	汽车车载导航系统的诊断与修复	75	关键能力（通用能力、核心技能）	1. 能够分析车载导航系统常见的故障和原因； 2. 能够严格遵守操作安全注意事项； 3. 能够正确使用维修工具、仪器、仪表； 4. 能够按照维修手册操作规程制订检修计划； 5. 能够按技术要求对车载导航系统主要元件、电路进行检查、检修，以小组协作的方式完成修复作业	3. 构造原理、操作技能采用视频教学和分组现场一体化教学； 4. 设置汽车导航结构及拆装；汽车导航更新使用维修；汽车导航简单故障检修	4
13	汽车音响与通信系统的诊断与修复	06－05	辅助电器系统检修	1. 汽车音响系统分类、结构和工作原理； 2. 汽车音响的安装与使用； 3. 汽车音响解码； 4. 汽车音响系统常见故障的原因与诊断方法	1. 采用基于企业真实工作任务的项目教学法； 2. 理论知识点采用课堂教学结合小组讨论； 3. 构造原理、操作技能采用视频教学和分组现场一体化教学； 4. 设置汽车音响结构认知与电路识别、汽车音响简单故障检修等教学环节	4
		75	关键能力（通用能力、核心技能）	1. 能够分析音响系统常见的故障和原因； 2. 能够严格遵守操作安全注意事项； 3. 能够正确使用维修工具、仪器、仪表； 4. 能够按照维修手册操作规程制订检修计划； 5. 能够按技术要求对音响系统进行解码，对主要元件、电路进行检查、检修，以小组协作的方式完成修复作业		
合计						88

8. 资源开发与利用

（1）教材编写与使用。

课程采用自编教材。以广东省常见车型或维修设备为基础，按工作过程导向，以岗位任务引领编制教学情境。以故障案例为导引，在不同任务步骤中融入相应知识点、不同诊断设备及诊断检修方法。通过项目实施中过程的控制、注意事项的讲解、实施方法的引导，把“教、学、做”合为一体，更加注重学生技能的形成过程，适应高职培养高技能应用型人才的需要。推荐教材：

①课程团队．汽车车身与舒适系统诊断与修复［M］．校本教材．2009

②课程团队．学习工作页［M］．校本教材．2009

③李良洪．汽车车身电气系统［M］．北京：北京理工大学出版社，2008

④李晓．汽车车身电控系统［M］．北京：机械工业出版社，2009

（2）数字化资源开发与利用。

①多媒体教学。

多媒体教学方式已在教育中广泛应用。多媒体教学是指在教学过程中，根据教学目标和教学对象的特点，通过教学设计，合理选择和运用现代教学媒体，借助多种电子媒体如幻灯片、投影、录音、录像等，综合处理和控制符号、语言、文字、声音、图形、图像、影像等多种媒体信息，使师生共同参与教学全过程。多种媒体信息作用于学生，形成合理的教学过程结构，达到最优的教学效果。目前，通常所说的多媒体教学特指运用多媒体计算机并借助预先制作的多媒体教学软件来开展的教学活动过程。

②网络课程。

网络课程就是通过网络表现的某门学科的教学内容及实施的教学活动的总和，是信息时代条件下课程的新表现形式。它包括按一定的教学目标、教学策略组织起来的教学内容和网络教学支撑环境。其中，网络教学支撑环境特指支持网络教学的软件工具、教学资源以及在网络教学平台上实施的教学活动。网络课程具有交互性、共享性、开放性、协作性和自主性等基本特征。

③仿真教学。

运用计算机来模拟汽车故障现象，让学生模拟扮演维修人员完成仿真车辆维修的教学方法，称为仿真教学。仿真教学能在很大程度上弥补客观条件的不足，为学生提供近似真实的训练环境，提高学生职业技能。

9. 教学建议

（1）教学方法。

本课程以岗位能力培养为主线，采用“教、学、做”一体化的教学模式，采用生产任务工作过程系统化教学法。以生产任务的方式提出学生应该完成的任务，以及完成任务需要掌握的知识点，让学生带着任务参与教师的课堂教学；在工作过程驱动模式的指导下，实施小组协作学习方法、研究性学习方法、自主学习方法相结合。小组负责人负责组内基层管理、组织分工、工具设备、学习资料管理工作等。在学习过程中尽可能设置与企业一致的工作环境、工作步骤和要求。

（2）教学条件。

①汽车车身与舒适性各系统示教板；②桑塔纳2000、LX 300等全车电路试验台；③卡罗拉、威驰等教学整车5台；④维修工具、万用表、示波器、解码仪等仪器、仪表；⑤各种车辆维修手册、中英文资料等；⑥计算机、投影仪等辅助教学设备。

10．教学评价

专业课程考核与评价标准见表3－23。

表3－23　专业课程考核与评价标准

考核方式	过程考核（50%）			期末考核（试卷）（50%）
	素质考核（10%）	实操考核（20%）	工作页考核（20%）	
实施方法	教师评价＋小组评价	教师评价＋小组评价	教师评价	教考分离、教务处统一组织
考核标准	安全、纪律、协作精神	任务计划；任务完成情况；操作过程；工具使用	预习内容；过程记录；分析	题型不少于以下5种，分数比例命题教师自定，含填空题、单项选择题、多项选择题、判断题、名词解释、问答题、论述题
说明：造成设备损坏或人身伤害的项目计0分				

建立过程考核（任务考核）与期末考核（课程考核）相结合的方式，过程考核占50%，期末考核占50%。

（八）“汽车维修质量检验”课程标准

1．课程名称

汽车维修质量检验。

2．适用专业

汽车类专业。

3．课程性质

高等职业院校汽车运用技术专业核心课程。

4．课程设计

课程设计遵循以学生为中心的理念，以岗位能力培养为主线，采用岗位任务驱动模式，将“教、学、做”穿成一线，构建在做中教、在做中学的一体化模式。充分利用岗位任务来构建学习情境。以实际生产任务的方式提出学生应该完成的任务，将完成任务需要掌握的职业能力、职业素养、知识点融入任务之中，让学生带着任务参与教师的课堂教学。选择具有代表性的典型工作任务进行系统化加工，构建学习情境。学习情境要具有合理的梯度结构，能力要求由低到高，遵循学生的检测规律；贯彻以学生为主体的教学理念，为学生创造更多的动手操作机会，实现“教、学、做”一体化；采用任务驱动教学方法，学习小组接受老师安排的工作任务，在学生完成工作任务的过程中实现教学目标；强调学生的主动性，培养学生自我管理、分析问题和解决问题的能力。

“汽车维修质量检验”是汽车类专业“专业基本知识平台”的选修课程，是以国家、行业及地方相关法律、法规为指导，以国家行业技术标准为基础，紧密联系汽车维修实际的一门专业课。它与其他专业基础课和专业综合课程结合，形成完整的职业核心能力培养体系。本课程的指导思想是：以职业岗位为课程目标，以职业标准为课程内容，以教学模块为课程结构，以最新技术为课程视野，以职业能力为课程核心，以工学结合为主要手段，实施“一精多能”的“个性化”人才培养方案。

学生在学习本课程之前应具有汽车发动机、底盘、电气设备构造与维修的基础知识。本课程的任务是使学生掌握汽车维修质量相关法律、法规及标准，熟悉各级维护与维修质量检验的主要内容，能借助仪器、设备进行维修质量控制。

表 3－24　课程设置

学习情景	任务单元	教学地点	参考学时	
1. 汽车维修质量管理的相关国家法律的掌握	《产品质量法》《计量法》《标准化法》《民法典》《消费者权益法》的基本内容	教室	4	10
	汽车维修质量管理的相关行业规章	教室	3	
	汽车维修质量管理及质量保证体系	教室	3	
2. 汽车维修质量检验的基本知识	国家、行业技术标准	教室	6	12
	整车检测的内容	实训室	6	
3. 汽车维修质量检验作业	汽车维护质量检验	实训室	6	13
	汽车修理质量检验	实训室	7	

5. 课程教学目标

通过对课程的学习，学生能够掌握汽车维修质量的相关法律、法规及标准，熟悉各级维护与维修质量检验的主要内容，能借助仪器、设备进行维修质量控制。

职业素质

（1）具有安全生产知识和责任意识，保证工作质量，提高顾客满意度；

（2）具有良好的沟通交流能力，与团队有效合作，提高工作效率；

（3）具有较强的自主学习能力，能够在工作岗位上有所革新和创新；

（4）具有吃苦耐劳的品质，做到爱岗敬业；

(5) 具有较好的组织能力，通过信息的有效处理解决问题。

能力目标

(1) 能够查找相关中英文技术资料；

(2) 具备一定的技术数据分析的能力；

(3) 能够安全生产和操作；

(4) 能够严格遵守操作安全注意事项；

(5) 能够按照质量体系文件进行现场管理；

(6) 掌握安全用电的常识和基本知识。

6. 参考学时与学分

学时：35 课时；学分：2。

7. 课程结构

课程结构见表 3－25。

表 3－25 课程结构

序号	学习任务（单元、模块）	职业能力		知识、技能、态度要求	教学活动设计	课时
1	汽车维修质量管理的相关国家法律	08－01－07	装车检验	1. 相关国家法律； 2. 汽车维修质量管理的相关行业规章； 3. 汽车维修质量管理及质量保证体系	1. 采用基于企业真实工作任务的项目教学法； 2. 理论知识点采用课堂教学结合小组讨论； 3. 设置汽车维修质量检查标准知识、汽车质量维修保证体系知识点等教学环节	10
		08－02－12	装车后测试底盘部件状态	1. 了解汽车维修质量管理相关国家法律的名称、基本内容及贯彻实施的办法； 2. 了解汽车维修质量管理相关行业规章的基本内容及贯彻实施办法； 3. 了解汽车维修质量管理的基本观念及保证体系的基本观念		
		01	6S 管理	1. 学习准备情况； 2. 小组计划实施情况； 3. 表达能力，沟通和协助能力，6S 要求		
		75	关键能力（通用能力、核心技能）	1. 能够以小组协作的方式完成修复作业； 2. 相互沟通； 3. 查找资料完成规范		

续上表

序号	学习任务（单元、模块）	职业能力		知识、技能、态度要求	教学活动设计	课时
2	汽车维修质量检验的基本知识	08－01－07	装车检验	1. 国家、行业技术标准； 2. 整车检测的内容	1. 采用基于企业真实工作任务的项目教学法； 2. 采用视频教学和分组现场一体化教学； 3. 设置国家质量检查技术标准查询与认知、设置机动车底盘质量检查、设置机动车维修质量检查等教学环节	12
		10－01	自检	1. 熟悉现行国家技术标准的名称和查阅方法； 2. 熟悉现行行业技术标准的名称和查阅方法； 3. 熟悉技术标准中基本术语的含义； 4. 熟悉整车检测的主要内容		
		08－02－12	装车后测试底盘部件状态	1. 熟悉发动机检测的主要内容； 2. 熟悉底盘、车身检测的主要内容		
		10－03	质检	1. 熟悉微机控制系统的检测主要内容； 2. 熟悉汽车电气设备、空调检测的主要内容		
		75	关键能力（通用能力、核心技能）	1. 能够严格遵守操作安全注意事项； 2. 能够正确使用维修工具、仪器、仪表； 3. 能够按照维修手册操作规程制订检修计划； 4. 能够以小组协作的方式完成制冷系统制冷剂的更换		

续上表

<table>
<tr><th>序号</th><th>学习任务
（单元、模块）</th><th colspan="2">职业能力</th><th>知识、技能、态度要求</th><th>教学活动设计</th><th>课时</th></tr>
<tr><td rowspan="4">3</td><td rowspan="4">汽车维修质量检验作业</td><td>10－01</td><td>自检</td><td>1. 熟悉汽车维修质量检验的分类及各级检验的职责；
2. 掌握一、二级维护质量检验的内容及技术条件要求；
3. 进行汽车维修出厂质量自检</td><td rowspan="4">1. 采用基于企业真实工作任务的项目教学法；
2. 采用视频教学和分组现场一体化教学；
3. 设置汽车出厂质量自检、互检、质检、总检等教学环节</td><td rowspan="4">13</td></tr>
<tr><td>10－02</td><td>互检</td><td>1. 掌握汽车整车大修出厂检验内容及技术条件要求；
2. 掌握发动机大修出厂检验内容及技术条件要求；
3. 掌握汽车小修出厂检验内容及技术条件要求；
4. 进行汽车维修出厂质量互检</td></tr>
<tr><td>10－03</td><td>质检</td><td>1. 掌握汽车整车大修出厂检验内容及技术条件要求；
2. 掌握发动机大修出厂检验内容及技术条件要求；
3. 掌握汽车小修出厂检验内容及技术条件要求；
4. 进行汽车出厂质量检验</td></tr>
<tr><td>10－04</td><td>总检</td><td>1. 掌握汽车整车大修出厂检验内容及技术条件要求；
2. 掌握发动机大修出厂检验内容及技术条件要求；
3. 掌握汽车小修出厂检验内容及技术条件要求；
4. 能进行汽车出厂总体质量控制</td></tr>
</table>

续上表

序号	学习任务（单元、模块）	职业能力		知识、技能、态度要求	教学活动设计	课时
3	汽车维修质量检验作业	75	关键能力（通用能力、核心技能）	1. 能够分析组合仪表与信息显示系统常见的故障和原因； 2. 能够严格遵守操作安全注意事项； 3. 能够正确使用维修工具、仪器、仪表； 4. 能够按照维修手册操作规程制订检修计划； 5. 能够按技术要求对电子仪表主要元件进行检查、检修，以小组协作的方式完成修复作业	1. 采用基于企业真实工作任务的项目教学法； 2. 采用视频教学和分组现场一体化教学； 3. 设置汽车出厂质量自检、互检、质检、总检等教学环节	13
		06－11	诊断分析电器系统疑难故障	1. 能够分析电控转向控制系统常见的故障和原因； 2. 能够按技术要求对汽车电控转向系统主要元件、电路进行检查、检修，以小组协作的方式完成修复作业		
		75	关键能力（通用能力、核心技能）	1. 能够严格遵守操作安全注意事项； 2. 能够正确使用维修工具、仪器、仪表； 3. 能够按照维修手册操作规程制订检修计划		
		75	关键能力（通用能力、核心技能）	1. 能够分析音响系统常见的故障和原因； 2. 能够严格遵守操作安全注意事项； 3. 能够正确使用维修工具、仪器、仪表； 4. 能够按照维修手册操作规程制订检修计划； 5. 能够按技术要求对音响系统进行解码，对主要元件、电路进行检查、检修，以小组协作的方式完成修复作业		
合计						35

8．资源开发与利用

（1）教材编写与使用。

课程采用自编教材。以广东省常见车型或维修设备为基础，按工作过程导向，以岗位任务引领编制教学情境。以故障案例为导引，在不同任务步骤中融入相应知识点、不同诊断设备及诊断检修方法。通过项目实施中过程的控制、注意事项的讲解、实施方法的引导，把“教、学、做”合为一体，更加注重学生技能的形成过程，适应高职培养高技能应用型人才的需要。推荐教材：

屠卫星.《汽车维修质量检验（中国高等职业院校汽车检测与维修专业教材）》，沈阳师范大学出版社，2008.

（2）数字化资源开发与利用。

①多媒体教学。

多媒体教学方式已在教育中广泛应用。多媒体教学是指在教学过程中，根据教学目标和教学对象的特点，通过教学设计，合理选择和运用现代教学媒体，借助多种电子媒体如幻灯片、投影、录音、录像等，综合处理和控制符号、语言、文字、声音、图形、图像、影像等多种媒体信息，使师生共同参与教学全过程。多种媒体信息作用于学生，形成合理的教学过程结构，达到最优的教学效果。目前，通常所说的多媒体教学特指运用多媒体计算机并借助预先制作的多媒体教学软件来开展的教学活动过程。

②网络课程。

网络课程就是通过网络表现的某门学科的教学内容及实施的教学活动的总和，是信息时代条件下课程的新表现形式。它包括按一定的教学目标、教学策略组织起来的教学内容和网络教学支撑环境。其中，网络教学支撑环境特指支持网络教学的软件工具、教学资源以及在网络教学平台上实施的教学活动。网络课程具有交互性、共享性、开放性、协作性和自主性等基本特征。

③仿真教学。

运用计算机来模拟汽车故障现象，让学生模拟扮演维修人员完成仿真车辆维修的教学方式，称为仿真教学。仿真教学能在很大程度上弥补客观条件的不足，为学生提供近似真实的训练环境，提高学生职业技能。

9．教学建议

（1）教学方法。

本课程以岗位能力培养为主线，采用“教、学、做”一体化的教学模式，采用生产任务工作过程系统化教学法。以生产任务的方式提出学生应该完成的任务，以及完成任务需要掌握的知识点，让学生带着任务参与教师的课堂教学；在工作过程驱动模式的指导下，实施小组协作学习方法、研究性学习方法、自主学习方法相结合。小组负责人负责组内基层管理、组织分工、工具设备、学习资料管理工作等。在学习过程中尽可能设置与企业一致的工作环境、工作步骤和要求。

①建议本课程采用理论与实践一体化的教学模式和行动导向的教学方法；

②教学场所中应设置理论教学区和实训教学区，最好在理论教学区中还能设置学习讨论区，配备课程中各学习任务所需的挂图、维修手册、维修资料、维修数据计算机查询系统等；

③为保证教学安全和实践效果，建议每位指导教师负责组织和指导 15 ~ 20 个学生，学生分组，每组控制在 3 ~ 4 人；

④教师在讲授或演示教学中，尽量使用多媒体教学设备，配备丰富的课件、解剖总成或零部件等教学辅助设备；

⑤评价方式以学生自评为主，学生互评为辅，教师在评价过程中起引导调控作用。教师要观察学生的学习过程，根据学生自我评价和小组评价情况，给出总体评价和改善意见。

（2）教学条件。

①计算机、投影仪等教学设备；②发动机实训室、底盘实训室；③各种专用工具。

10．教学评价

专业课程考核与评价标准见表 3 – 26。

表 3 – 26　专业课程考核与评价标准

考核方式	过程考核（50%）			期末考核（试卷）（50%）
	素质考核（10%）	实操考核（20%）	工作页考核（20%）	
实施方法	教师评价 + 小组评价	教师评价 + 小组评价	教师评价	教考分离、教务处统一组织
考核标准	安全、纪律、协作精神	任务计划；任务完成情况；操作过程；工具使用	预习内容；过程记录；分析	题型不少于以下 5 种，分数比例由命题教师自定，含填空题、单项选择题、多项选择题、判断题、名词解释、问答题、论述题
说明：造成设备损坏或人身伤害的项目计 0 分				

建立过程考核（任务考核）与期末考核（课程考核）相结合的方式，过程考核占 50%，期末考核占 50%。

（九）“汽车配件营销与管理”课程标准

1．课程名称

汽车配件营销与管理。

2．适用专业

汽车类专业。

3. 课程性质

专业选修课程。

4. 课程设计

本课程设计遵循以学生为中心，以升学为导向的理念，结合企业访谈、问卷调查和职业能力分析会，分析汽车售后服务岗位的专业知识、技能和服务态度——汽车售后服务的职业能力点，按照岗位能力职业培养为主线，通过选择具有代表性的企业工作任务进行系统化的加工，构建能够培养学生职业能力、职业素养和知识点的学习情境。让学生首先学习各种配件方面的知识及技巧作为基础，通过软件实训让学生对已经掌握的知识加深印象，将学习的知识应用起来；通过软件的模拟实际操作，让学生可以在刚步入社会时在各种配件方面可以直接入手，实际工作能力更强，更容易适应工作岗位。同时，以培养学生的创新能力和实践能力为主线，突出理论知识的应用，课堂上采用启发、引导式教学模式，通过一系列的实训课程，加深学生对理论知识的理解和掌握。

本课程由汽车配件计划的制订、汽车配件订货、汽车配件入库、汽车配件销售、汽车配件出库、汽车配件库存管理共6个学习情境组成，课程结构如图3－7所示。在学生完成学习情境的过程中，课程内容突出对学生职业能力的训练，理论知识的选取紧紧围绕工作任务完成的需要来进行，并融合了相关职业资格证书对知识、技能和态度的要求。课程项目设计以工作任务为线索来进行，教学过程中，采取理实一体教学，给学生提供丰富的实践机会。课程结构如图3－7所示。

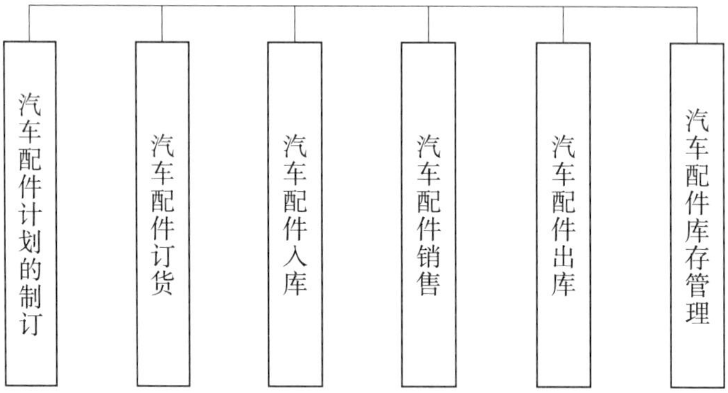

图3－7 课程结构

5. 课程教学目标

通过对本课程的学习，学生能够熟悉汽车零配件订货管理、入库管理、仓务管理、销售和出库管理等内容；通过上机实习，学生能够学会汽车零配件管理数据库的建立步骤和使用方法，能够熟练使用市场上流行的汽车配件管理系统软件，进行汽车配件库存情况查询，开各种单据，了解汽车配件订货、入库、仓管、出库、销售等程序。提高学生的专业素质，培养其创新能力。

职业素养

（1）具有安全生产知识和责任意识；
（2）具有良好的沟通交流能力和团队合作意识；
（3）具有较强的自主学习能力；
（4）具有吃苦耐劳品质，爱岗敬业；
（5）具有一定的外语应用能力（能读懂配件名称的英文缩写）。

能力目标

（1）具备基本的计算机操作能力；
（2）具有制订配件计划的能力；
（3）能运用汽车配件销售的基本原理和销售技巧；
（4）能对汽车配件入库进行检查与验收；
（5）具备汽车零配件入库、仓储及出库的管理能力；
（6）能进行配件日常维护与盘点；
（7）具备配件索赔案例分析的能力；
（8）能正确地操作和使用配件管理软件；
（9）能制作各种配件在采购、入库、销售、出库、维修时的表单；
（10）具有安全、文明生产和环境保护的相关知识和技能。

知识目标

（1）能明确汽车配件计划员的指责；
（2）能明确汽车配件订货、入库、仓管、出库、销售等程序；
（3）能明确汽车配件订货、入库管理、仓储管理、销售和出库管理等内容；
（4）能明确管理安全操作规程、库房管理制度、索赔件规定；
（5）能叙述汽车配件的基本检查方法；
（6）能明确汽车配件库存盘点的内容和方法；
（7）能明确索赔的概念和规定；
（8）能明确汽车配件维护的内容和方法；
（9）能运用配件管理软件完成入库登记、快速查找、开各种单据等内容；
（10）能明确配件管理安全操作规程。

6. 参考学时与学分

教学课时：90；学分：5。

7. 课程结构

课程结构见表3－27。

表3－27　课程结构

序号	学习任务	职业能力		知识、技能、态度要求	教学活动设计	课时
1	汽车配件计划的制订	34－1配合部门经理完成配件销售任务	熟悉公司及供货商规章制度；知道厂家及公司下达的配件销售任务；知道厂家及公司的利润指标	1. 能够尽量满足不同条件下配件的供货率； 2. 能够明确配件计划员的职责； 3. 能了解公司及厂家的规章制度及配件销售目标； 4. 能了解配件订货计划的构成； 5. 能对缺件情况进行及时跟踪及反馈	设置配件订货目标、备件计划员职责、订货分析、制订订货计划、缺件管理共五个教学活动	16
		34－2制订配件计划	及时供应率达89%以上，以为用户提供100%的供货率作为首要的工作目标；与厂家、供货商保持良好供求关系，了解掌握市场信息；掌握配件的现有库存和保险储备量，适时做出配件的采购计划和呆滞配件的处理方案，熟悉维修业务对配件的需求，确保业务的正常开展			
		34－4账目统计	配件相关的财务核算及统计工作；同财务、业务往来单位进行账务核对，以确保有足够的订货资金			
		35－5制订采购计划	分析季节等周边因素确认订货情况；根据需求确认配件（维修需求，客户意向）；通过分析比较，制定出最佳订货单；保证不断档，积压量最小；根据需求配件查找替换配件编码（准确订货）；注意厂家停用编码，并更正；通过配件属性确定订货配送方式			
		48－2制定库存量政策	制定紧急应变程序，例如缺货及囤积等			
		01－1沟通交流	良好的沟通能力，表达清晰			

续上表

序号	学习任务	职业能力		知识、技能、态度要求	教学活动设计	课时
2	汽车配件订货	35－5 订购配件	对计划量进行审核，做好计划的延续和补充工作，对配件供应的及时性、正确性负责；配件的品牌、规格、数量等都要做到准确无误，认真完成配件的第一次检验工作	1. 能够了解配件订货的流程； 2. 能够确认订货日历； 3. 能够区别订单的分类； 4. 能及时准备订单、制作订单，并对订单进行跟踪； 5. 能够通过物流公司网站及时对配件到货时间进行确认	设置订单的准备、订单的制作、订单的跟踪及订单的验收四个教学活动	20
		35－6 发出订单与跟踪	根据计划编写订单；根据厂商规定选择订单（直送、补充、紧急、用品）；跟踪订单处理情况：是否 B/O 件；反馈处理信息，确认到货时间			
		35－6－9	到货验收			
		01－1 沟通交流	良好的沟通能力，表达清晰			
3	汽车配件入库	38－1 提前安排货位	入库准备	1. 能够明确汽车配件入库程序； 2. 能够明确汽车入库检查制度； 3. 能够明确汽车配件的验收； 4. 能正确进行汽车配件的入库；	设置起配件入库准备、入库验收、入库程序及到货索赔四个教学活动	16
		36－2 零部件接收和储存的协调	根据既定的程序，交收及运送零配件； 零配件交收及运送文件的确定及其损坏的报告的程序			
		38－2 配件上架	根据到货配件属性分类； 根据预定货位上架配件； 检核货位与配件一致（一货一码一位）			
		38－3 公布到货情况	编制到货配件情况资料通知表格； 公布到货表格（记录取货时间），通知前台预约订货，事故车订货提货			
		38－4 到货索赔	清点到货情况，确认索赔范围（质量、物流）； 根据要求编制索赔单，上报索赔清单并跟踪审核信息			

续上表

序号	学习任务	职业能力		知识、技能、态度要求	教学活动设计	课时
3	汽车配件入库	8－1 责任（安全）意识	能够使用防护工具，知道危险品处理方法，安全防护意识强	5. 能对汽车配件入库进行检查与验收； 6. 能够明确配件编码及如何上架		16
		01－1 沟通交流	良好的沟通能力，表达清晰			
4	汽车配件销售	46－1 零配件销售知识，计算机运用及文书处理	认识汽车零配件的种类及名称，明白机构的销售模式及程序，了解一般销售管理及运作的知识，熟识机构各部门应用的文件系统，掌握机构应用的企业资源软件或有关软件的使用	1. 明确配件销售的类型：维修配件销售、养护用品销售、滞销件销售、精品销售； 2. 了解配件服务营销的常用方式； 3. 了解服务营销的流程； 4. 能够使用软件完成配件的报价； 5. 熟练使用软件完成配件销售过程	设置维修配件销售、养护用品销售、滞销件销售及配件销售流程操作四个教学活动	12
		46－2 制定及管理汽车零配件销售文件系统	应用机构选定的企业资源软件或有关软件，以记录及监控各相关作业，各种零配件的库存量记录及变化，退货项目及执行程序的记录			
		75－11 吃苦耐劳	主动、积极、自主			
		01－1 沟通交流	良好的沟通能力，表达清晰			
		40－2 配件领料出库	根据需求单据查询库存情况，检查领料单据并确认需求情况，编制出库凭证（企业系统、厂家系统），提取配件			

续上表

序号	学习任务	职业能力		知识、技能、态度要求	教学活动设计	课时
5	汽车配件出库	40－4 领用借用管用	根据需求分类借用路径（检测/救援用），根据借用路径办理借用手续，提取借用件并登记归还时间； 跟进归还情况	1. 明确汽车配件出库的程序； 2. 明确汽车出库管理规定； 3. 能正确进行汽车配件的出库办理； 4. 明确汽车配件管理软件的查找方法； 5. 能熟悉汽车配件出库的办理； 6. 能运用配件管理软件完成配件查找及出库手续	设置出库流程、出库形式、配件电脑台账三个教学活动	8
		75－11 吃苦耐劳	任劳任怨、不怕辛劳，有牺牲精神（时间、精力）			
		08－1 责任（安全）意识	能够使用防护工具，安全防护意识强			
		01－1 沟通交流	良好的沟通能力，表达清晰			
6	汽车配件库存管理	01　6S 管理	按要求摆放配件，监督摆放配件，处理化学品（化学品的种类及特性；存放、提取、处理各种常见的化学品），确定贮存场地是否利于贮存油漆，正确贮存各种常见的油漆（通用标识及其危险性、分类）	1. 能明确配件编码及如何上架，能对汽车配件进行上架； 2. 能明确汽车配件库存盘点的内容和方法，能对汽车配件库存进行盘点；	设置配件的库存目标、库存构成、盘点、仓储管理四个教学活动	18
		48－1 库存品的特性、需求及监控知识	了解零配件的特性，如销售数据、存放期限等，掌握各款汽车的销售数据及寿命周期			
		48－2 制定库存量政策	能按照不同库存品的特性、管理及订购策略，制定有效的库存量政策，例如：各款汽车的销售数据及寿命周期，各相关零配件的销售量评估、存放期限及寿命周期等；应用及时盘存调节法，争取高频、低量的供货条件，制定紧急应变程序，如缺货			

续上表

<table>
<tr><th>序号</th><th>学习任务</th><th colspan="2">职业能力</th><th>知识、技能、态度要求</th><th>教学活动设计</th><th>课时</th></tr>
<tr><td rowspan="3">6</td><td rowspan="3">汽车配件库存管理</td><td>75 －11 吃苦耐劳</td><td>有牺牲精神（时间、精力），任劳任怨、不怕辛劳</td><td rowspan="3">3. 能明确汽车的日常维护及方法；
4. 能正确操作汽车配件管理软件</td><td rowspan="3"></td><td rowspan="3">18</td></tr>
<tr><td>8 －1 责任（安全）意识</td><td>安全防护意识强，知道危险品处理方法</td></tr>
<tr><td>1 －1 沟通交流</td><td>良好的沟通能力，表达清晰</td></tr>
<tr><td colspan="5">合计</td><td></td><td>90</td></tr>
</table>

8. 资源开发与利用

（1）教材编写与使用。

①课程采用自编教材。教材应充分体现任务引领、实践导向课程的设计思想。教材应将本专业职业活动分解成若干典型的工作项目，按完成工作项目的需要和岗位操作规程，结合职业技能证书考证组织教材内容。要通过现场模拟、观看录像、理实一体教学并运用所学知识进行评价，引入必需的理论知识，增加实践实操内容，强调理论在实践过程中的应用。

②教材应图文并茂，提高学生的学习兴趣，加深学生对汽车配件营销与管理的认识和理解。教材表达必须精练、准确、科学。教材内容应体现先进性、通用性、实用性，教材中活动设计的内容要具体，并具有可操作性。

（2）数字化资源开发与利用。

①多媒体教学。

多媒体教学方式已在教育中广泛应用。多媒体教学是指在教学过程中，根据教学目标和教学对象的特点，通过教学设计，合理选择和运用现代教学媒体，借助多种电子媒体如幻灯片、投影、录音、录像等，综合处理和控制符号、语言、文字、声音、图形、图像、影像等多种媒体信息，使师生共同参与教学全过程。多种媒体信息作用于学生，形成合理的教学过程结构，达到最优的教学效果。目前，通常所说的多媒体教学特指运用多媒体计算机并借助预先制作的多媒体教学软件来开展的教学活动过程。

②网络课程。

网络课程就是通过网络表现的某门学科的教学内容及实施的教学活动的总和，是信息时代条件下课程的新表现形式。它包括按一定的教学目标、教学策略组织起来的教学内容和网络教学支撑环境。其中，网络教学支撑环境特指支持网络教学的软件工具、教学资源以及在网络教学平台上实施的教学活动。网络课程具有交互性、共享性、开放性、协作性和自主性等基本特征。

③仿真教学。

利用计算机软件系统（见图3－8）来模拟汽车配件进销存操作的仿真教学，能在很大程度上弥补客观条件的不足，为学生提供近似真实的训练环境，提高学生职业技能。

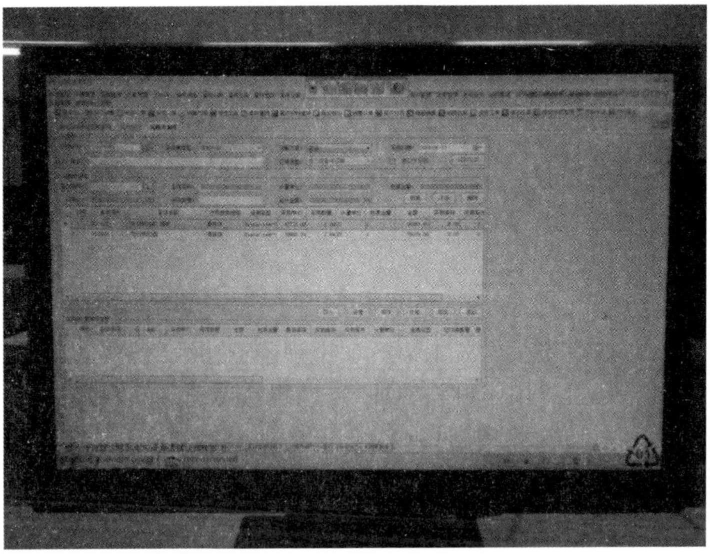

图3－8　汽车配件仿真教学系统

④建立本专业开放式实训中心，使之具备现场教学、实训、职业技能证书考证的功能，实现教学与实训合一、教学与培训合一、教学与考证合一，满足学生综合职业能力培养的要求。

9．教学建议

（1）教学方法。

①本课程理论知识点采用行动导向的教学方法，实施“教、学、做”一体化的教学模式。

②为保证教学安全和实践效果，每位指导教师负责组织和指导15～20个学生，学生分组，每组控制在4～5人。

③教师在讲授或演示教学中，应使用多媒体教学设备，配备丰富的课件、视频教学辅助设备。

④评价方式以学生自评为主，学生互评为辅，教师在评价过程中起引导调控作用。教师要观察学生的学习过程，根据学生自我评价和小组评价情况，给出总体评价和改善意见。

（2）教学条件。

汽车配件营销与管理主要工具和设备见表3－28。

表3－28　汽车配件营销与管理主要工具和设备一览表

名称	规格	数量
学生用计算机	Intel 酷睿 i3/4 GB/500 GB 以上；具备上网功能	10
教师用计算机	Intel 酷睿 i3/4 GB/500 GB 以上；具备上网功能	1
投影仪	LCD；标准分辨率 1 024×768，最大分辨率 1 400×1 050	1
扫描仪	大于 600 dpi	1
交换器	48 口以上	1
服务器	Intel 酷睿 i3/4 GB/500 GB 以上；具备上网功能	1
汽车模拟销售软件	网络版；可互动学习；具备考核功能	1
汽车配件销售、管理软件	网络版；可互动学习；具备考核功能；包括国内常见车型的相关数据	1
汽车整车	用于模拟销售教学	1
模拟销售音响	可移动	1
摄像机	用于拍摄和回放	1

10. 教学评价

本课程采用理论考核和实操考核相结合、过程评价与结果评价相结合的评价机制。理论考核采用笔试形式，考核内容侧重于汽车配件计划制订、配件订货、配件出入库、库存管理等，理论考核占本门课程考核的比例为30%。实操考核采用项目考核累计方式，每学期完成2次左右的抽签考试，要求学生在规定时间内完成对规定项目的规范操作，考核内容侧重于安全、环保、5S理念及规范操作，过程考核占本门课程考核的比例为70%。实操考核中分为过程考核和结果考核两方面，过程考核以小组学生的平时表现如工具清理、卫生清洁、学习工作态度、社会能力训练、方法能力训练等作为评价标准，结果考核以学生在规定时间内完成规定项目的规范操作作为评价标准。在实操考核的每个环节中，均采用“小组自评＋小组互评＋教师评价”的方式。考核中各部分所占的考核比例按照表3－29所给出的比例进行计算。

表3－29　课程考核比例表

考核方式	过程考核（70%）			理论考核（试卷）（30%）
	素质考核（10%）	实操考核（30%）	工作页考核（30%）	
实施方法	教师评价＋小组评价	教师评价＋小组评价＋小组互评	教师评价	教考分离、统一组织
考核标准	安全、纪律、协作精神	任务计划；任务完成情况；操作过程；工具使用	预习内容；过程记录；分析	题型不少于以下5种，分数比例由命题教师自定：填空题、选择题、判断题、名词解释、问答题、论述题
说明：造成设备损坏或人身伤害的项目计0分				

（十）“汽车综合故障诊断”课程标准

1. 课程名称

汽车综合故障诊断。

2. 适用专业

中高职衔接的高职：汽车运用技术专业。

3. 课程性质

高等职业院校汽车运用技术专业核心课程。

4. 课程设计

课程设计遵循以学生为中心的理念，以岗位能力培养为主线，采用岗位任务驱动模式，将“教、学、做”穿成一线，构建在做中教、在做中学的一体化教学模式。

充分利用岗位任务来构建学习情境。以实际生产任务的方式提出学生应该完成的任务，将完成任务需要掌握的职业能力、职业素养、知识点融入任务之中，让学生带着任务参与教师的课堂教学。选择具有代表性的典型工作任务进行系统化加工，构建学习情境。学习情境要具有合理的梯度结构，能力要求由低到高，遵循学生的检测规律；贯彻以学生为主体的教学理念，为学生创造更多的动手操作机会，实现“教、学、做”一体化；采用任务驱动教学方法，学习小组接受教师安排的工作任务，在完成工作任务的过程中实现教学目标；强调学生的主动性，培养学生自我管理、分析问题和解决问题的能力。

根据以上方法，本课程构建了基于汽车发动机各系统电控故障的学习情境，包括汽车故障诊断基本原理及基本方法、汽车发动机典型故障诊断与维修、汽车底盘和车身典型故障诊断与维修、汽车电控系统的综合故障诊断与维修等 4 个学习情境，将 6S 管理、诊断流程、检测仪器应用融入教学情境，并采用任务工单和小组合作的方式培养学生独立解决问题的能力、团队合作等基本素养。课程设计见表 3－30。

表 3－30　课程设计

学习情景	任务单元	教学地点	参考学时
1. 汽车无法启动、怠速不稳及动力不足故障诊断	1. 汽车故障诊断基本原理及基本方法	多媒体教室、整车区	16
	2. 曲柄连杆机构和配气机构故障诊断与维修		
	3. 燃料供给系统的故障诊断与维修		
	4. 汽油机点火系统故障诊断与维修		
	5. 润滑系故障诊断与维修		
	6. 冷却系故障诊断与维修		
	7. 起动系故障诊断与维修		

续上表

学习情景	任务单元	教学地点	参考学时
2. 汽车底盘异响抖动、动力不足故障诊断与排除	1. 传动系故障诊断与维修	现场	16
	2. 转向系故障诊断与维修		
	3. 行驶系故障诊断与维修		
	4. 制动系故障诊断与维修		
	5. 汽车车身检测与维修		
3. 汽车电器系统综合故障诊断与维修	1. 汽车电器故障诊断程序及模拟试验方法	现场	10
	2. 汽车电器系统常见故障诊断与维修		

5. 课程教学目标

“汽车综合故障诊断”课程是高等职业院校汽车运用技术专业核心课程。通过对本课程的学习，学生能够掌握汽车故障诊断的基本理论知识，能够对汽车常见故障现象进行总结、分析故障原因、查找故障部位；通过实训培养实践技能，学生能够掌握正确的故障诊断方法，能够对汽车各系统的重要部位进行检测和调整，具备对汽车典型故障进行诊断、检测与排除的能力。

职业素养

（1）具有安全生产知识和责任意识，保证工作质量，提高顾客满意度；

（2）具有良好的沟通交流能力，与团队有效合作，提高工作效率；

（3）具有较强的自主学习能力，能够在工作岗位上有所革新和创新；

（4）具有吃苦耐劳的品质，做到爱岗敬业；

（5）具有较好的组织能力，通过信息的有效处理解决问题。

能力目标

（1）掌握6S管理；

（2）知道维修前准备事项；

（3）能够查找相关中英文技术资料；

（4）具备一定的技术数据分析能力；

（5）能够安全生产和操作；

（6）能够严格遵守操作安全注意事项；

（7）能够按照相关体系文件进行现场管理；

（8）提高团队合作、自主创新等关键能力。

6. 参考学时与学分

教学课时：42课时；学分：3。

7. 课程结构

课程结构见表3－31。

表3－31　课程结构

序号	学习任务	职业能力		知识、技能、态度要求	教学活动设计	课时
1	汽车无法启动、怠速不稳及动力不足故障诊断	01	6S管理	掌握6S基础知识	故障说明 ⬇ 故障问诊 ⬇ 故障分析 ⬇ 故障诊断排除 ⬇ 质检报告 ⬇ 交车	16
		75	关键能力	1. 礼貌礼仪，与客户沟通技巧； 2. 发现车辆日常使用过程的故障现象规律，检查信息记录文书； 3. 计算机基础及高等数学		
		04－01	维修前准备	1. 汽车故障诊断基本知识； 2. 维修手册使用，电、机械相关基础知识； 3. 汽车故障诊断方法； 4. 常用故障诊断设备使用		
		04－16	分析发动机系统故障	1. 汽车故障诊断基本知识； 2. 汽车故障诊断方法； 3. 常用故障诊断设备； 4. 发动机管理系统作用及工作原理		
		04－17	诊断发动机系统疑难故障	1. 曲柄连杆机构和配气机构故障诊断与维修； 2. 燃料供给系统的故障诊断与维修； 3. 汽油机点火系统故障诊断与维修； 4. 润滑系故障诊断与维修； 5. 冷却系故障诊断与维修； 6. 起动系故障诊断与维修		

续上表

序号	学习任务	职业能力		知识、技能、态度要求	教学活动设计	课时
2	汽车底盘异响抖动、动力不足故障诊断与排除	05－11	分析底盘系统故障	汽车底盘系统故障分析方法及设备使用	故障说明 ⬇ 故障问诊 ⬇ 故障分析 ⬇ 故障诊断排除 ⬇ 质检报告 ⬇ 交车	16
		05－12	诊断分析底盘系统疑难故障	1. 传动系故障诊断与维修； 2. 转向系故障诊断与维修； 3. 行驶系故障诊断与维修； 4. 制动系故障诊断与维修； 5. 汽车车身检测与维修		
3	汽车电器系统综合故障诊断与维修	06－11	诊断分析电器系统疑难故障	1. 汽车电器系统故障分析方法及设备使用； 2. 汽车电器系统典型故障分析实例	故障说明 ⬇ 故障问诊 ⬇ 故障分析 ⬇ 故障诊断排除 ⬇ 质检报告 ⬇ 交车	10

8. 资源开发与利用

（1）教材编写与使用。

课程采用自编教材。以广东省常见车型或维修设备为基础，按工作过程导向，以岗位任务引领编制教学情境。以故障案例为导引，在不同任务步骤中融入相应知识点、不同诊断设备及诊断检修方法。通过项目实施中过程的控制、注意事项的讲解、实施方法的引导，把“教、学、做”合为一体，更加注重学生技能的形成过程，适应高职培养高技能应用型人才的需要。

（2）数字化资源开发与利用。

①多媒体教学。

多媒体教学方式已在教育中广泛应用。多媒体教学是指在教学过程中，根据教学目标和教学对象的特点，通过教学设计，合理选择和运用现代教学媒体，借助多种电子媒体如幻灯片、投影、录音、录像等，综合处理和控制符号、语言、文字、声音、图形、图像、影像等多种媒体信息，使师生共同参与教学全过程。多种媒体信息作用于学生，形成合理的教学过程结构，达到最优的教学效果。目前，通常所说的多媒体教学特指运用多媒体计算机并借助预先制作的多媒体教学软件来开展的教学活动过程。

②网络课程。

网络课程就是通过网络表现的某门学科的教学内容及实施的教学活动的总和，是信息时代条件下课程的新表现形式。它包括按一定的教学目标、教学策略组织起来的教学内容和网络教学支撑环境。其中，网络教学支撑环境特指支持网络教学的软件工具、教学资源以及在网络教学平台上实施的教学活动。网络课程具有交互性、共享性、开放性、协作性和自主性等基本特征。

③仿真教学。

运用计算机来模拟汽车故障现象，让学生模拟扮演维修人员完成仿真车辆维修的教学方法，称为仿真教学。仿真教学能在很大程度上弥补客观条件的不足，为学生提供近似真实的训练环境，提高学生职业技能。汽车仿真教学系统如图 3 -9 所示。

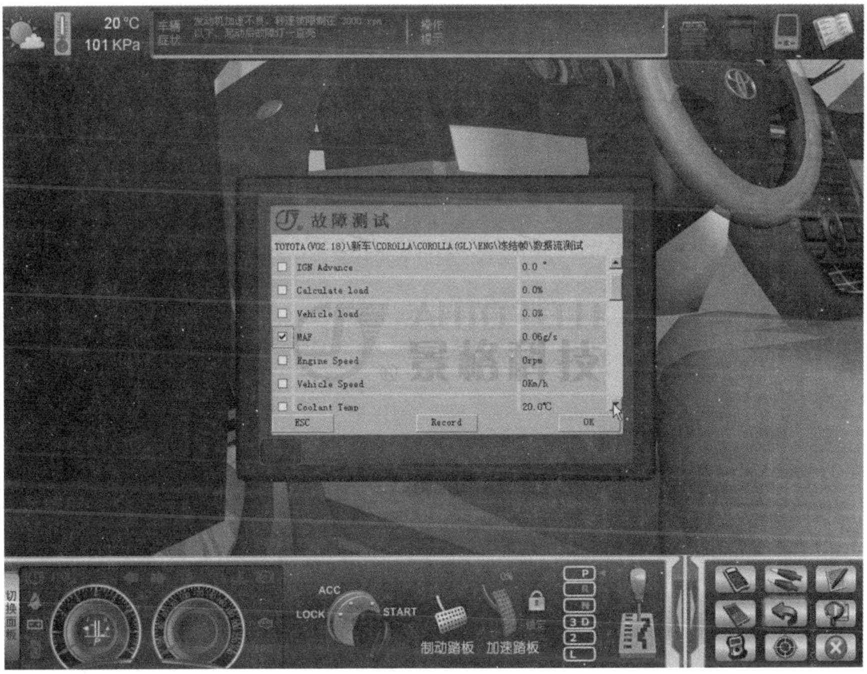

图 3 -9　汽车仿真教学系统

9. 教学建议

（1）教学方法。

①本课程的理论知识点采用课堂教学结合小组讨论教学模式和方法；构造原理、操作技能采用视频教学和分组现场教学一体化的教学模式和工作过程系统化的行动导向的教学方法。

②为保证教学安全和实践效果，每位指导教师负责组织和指导15～20个学生，学生分组，每组控制在4～5人。

③教师在讲授或演示教学中，应使用多媒体教学设备，配备丰富的课件、视频教学辅助设备。

④评价方式以学生自评为主，学生互评为辅，教师在评价过程中起引导调控作用。教师要观察学生的学习过程，根据学生自我评价和小组评价情况，给出总体评价和改善意见。

（2）教学条件。

教学条件见表3－32。

表3－32　教学条件

名称	主要工具和设施设备		
	名称	规格	数量
汽车综合故障诊断实训设备	电控汽油发动机实训台或整车	实物，配有组合仪表、压力表等；具有直观的电控系统电路图和检测点；具有诊断接口；满足结构、原理、故障设置、诊断实训教学需要	2
	电控柴油发动机实训台	实物，配有组合仪表、压力表等；具有直观的电控系统电路图和检测点；具有诊断接口；满足结构、原理、故障设置、诊断实训教学需要	1
	汽油机、柴油机测试工量具	满足汽缸压力、歧管压力、燃油压力、点火正时、转速、温度等参数测量	2
	手动真空泵	－100～0 kPa	2
	汽车专用万用表	测量电路参数	2
	汽车示波器	双通道	4
	汽车故障计算机诊断仪	与发动机相适应	4
	汽车发动机喷油清洗监测仪	与发动机相适应	1
	柴油机喷油器检测仪	与发动机相适应	1
	喷油泵试验台	与发动机相适应	1
	汽车检测线	综合性能或安全环保检测线	1
	汽车四轮定位仪	4S店常用	1
	轮胎动平衡机	4S店常用	1

10．教学评价

本课程采用理论考核和实操考核相结合，过程评价与结果评价相结合的评价机制。理论考核采用笔试形式，考核内容侧重于汽车电控原理、检测结果分析、故障分析等，理论考核占本门课程考核的比例为30%。实操考核采用项目考核累计方式，每学期完成2次左右的抽签考试，要求学生在规定时间内完成对规定项目的规范操作，考核内容侧重于安全、环保、6S理念及规范操作，过程考核占本门课程考核的比例为70%。过程考核以小组学生的平时表现如工具清理、卫生清洁、学习工作态度、社会能力训练、方法能力训练等作为评价标准，结果考核以学生在规定时间内完成规定项目的规范操作作为评价标准。在实操考核的每个环节中，均采用“小组自评＋小组互评＋教师评价”的方式。考核中各部分所占的考核比例按照表3－33所给出的比例进行计算。

表3－33　专业课程考核与评价标准

考核方式	过程考核（70%）			理论考核（试卷）（30%）
	素质考核（10%）	实操考核（30%）	工作页考核（30%）	
实施方法	教师评价＋小组评价	教师评价＋小组评价＋小组互评	教师评价	教考分离、统一组织
考核标准	安全、纪律、协作精神	任务计划；任务完成情况；操作过程；工具使用	预习内容；过程记录；分析	题型不少于以下5种，分数比例命题由教师自定，含填空题、选择题、判断题、名词解释、问答题、论述题
说明：造成设备损坏或人身伤害的项目计0分				